欲しい人材がグッとくる求人・面接・採用のかくし味

“超売り手市場”時代を乗り越えるための採用手順書

社会保険労務士 川越 雄一 著

労働調査会

はじめに

労働市場はかつてないほどの、いわゆる〝売り手市場〟が続いている。特に、中小企業では「求人を出したけど、さっぱり応募がない」という会社も少なくない。それも、明日に向けた人材確保というよりも今日必要な人材がいない状況であり、人手不足のレベルは異次元とも言える。

しかし、いくら売り手市場であっても、仕事を探している人がまったくいないわけではない。現に、キチンとした人に応募してもらい、キチンとした人を採用できている会社だってある。

では、採用でうまくいく会社とそうでない会社の差はどこにあるのか。もちろん、破格の労働条件を提示することや、採用担当者が黙って座ればピタリと人を見抜ける特殊能力の持ち主という場合もあるだろうが、普通の会社には難しい話だ。

私は社会保険労務士として、27年ほど中小企業の採用活動にかかわっているが、ひとつ言えるのは、「採用に失敗する会社は失敗するようにやっているし、成功する会社は成功するようにやっている」ということだ。

つまり、採用に魔法の杖などあるはずもなく、当たり前の採用手順を、当たり前の時期に、当たり前に踏むことが、最も失敗を少なくする方法なのである。

そこで本書で紹介するのが、小さな会社でもすぐに実践できる〝川越式採用手順〟である。これは、人を見抜く自信のない人でも、決められた手順をキチンと踏めば、結果として一定レベル以上の人を採用できるしくみであり、「厳しく採って優しく雇用する」ことを基本的な考え方としている。

この採用手順では、求人から採用までの各段階を通じて会社に惚れさせ、「こんな会社だったら応募したいな、入社したいな」と、求職者から選んでもらえる会社をめざす。

何も最初から特別に優秀な人でなくても、一定レベル以上の人を採用してキチンと育てれば、1年後には優秀化するので、最初から優秀な人ありきで採用するより、はるかに現実的だ。

なお、採用の手順は、求人票の公開、面接前、面接日、内定時、そして採用時という5つの段階に分けて、その段階ごとに行うべきことを文例・図表を交えて具体的に解説してある。

また、この採用手順においては、「人は面接だけじゃ分からない」ことを前提にしており、面接のウェイトは高くなく、5つある採用手順の1つに過ぎない。さらに、面接本番のウェイトは面接全体の2割だ。

その一方で、求人票にこだわっている。なぜなら、応募者層は求人票で8割がた決まるからだ。求人票というのは「うちの会社はこんな会社で、こんな条件で、こんな人が欲しい」を表明したものだから、それに合う人しか応募して来ないのだ。結果として、面接前に応募者を採用すべき人に絞り込むことができ、いろいろな人と面接をせずに済むので採用に失敗しにくい。

本書は制度や法律をベースにしながらも、「人は理屈ではなく感情で動く」という考え方を採用手順の柱とし、採用活動に不慣れな人が、今日からでもすぐに取り組める内容ばかりだ。従来なかった、応募者視点に立った魅力ある求人票の書き方、応募者も気にしていないような応募書類の見方、採用前後における応募者やその家族、今いる従業員への配慮など、中小企業ならではの採用手順である。

本書が、異次元の人手不足に悩まれる中小企業経営者や採用担当者にとって、採用の羅針盤としていくらかでも役立てていただければ、著者としてこれ以上の喜びはない。

目　次

第2章 応募者がグンと集まる求人票の〝かくし味〟

目　次

第4章　応募者に二度惚れさせる面接日の〝かくし味〟――143

第1章

人が集まらない、すぐ辞める

本章のポイント

一、小さな会社の人手不足は異次元
二、辞められないことが採用力強化の第一歩
三、小さな会社は〝ほどほどの人〟を採用するのが現実的
四、中小企業でもすぐに実践できる川越式採用手順

今は、インターネットや求人誌など費用をかければ多様な求人媒体があり、それぞれに有効な手段になっている。しかし、無料で利用可能なハローワークの求人も工夫次第では効果が期待できる。

そこで本書では、中小企業、とりわけ１００人くらいまでの会社がハローワーク求人により、中途採用を行う場合の手順を、採用の流れに沿って解説していく。


まず本章では、現在、多くの企業が抱える人手不足問題を、統計上のデータ、会社が行う採用手順の問題点、そして求職者意識の変化という３つの視点から捉えてみることとする。

そして、そのような人手不足問題解消には、新しい人の採用力強化が必要だが、今いる従業員に辞められないようにすることはもっと重要だ。そのためにはまず職場改善が必要であり、これが新たに人を採用する場合の大きなヒントになる。

図表1　本書の全体構成

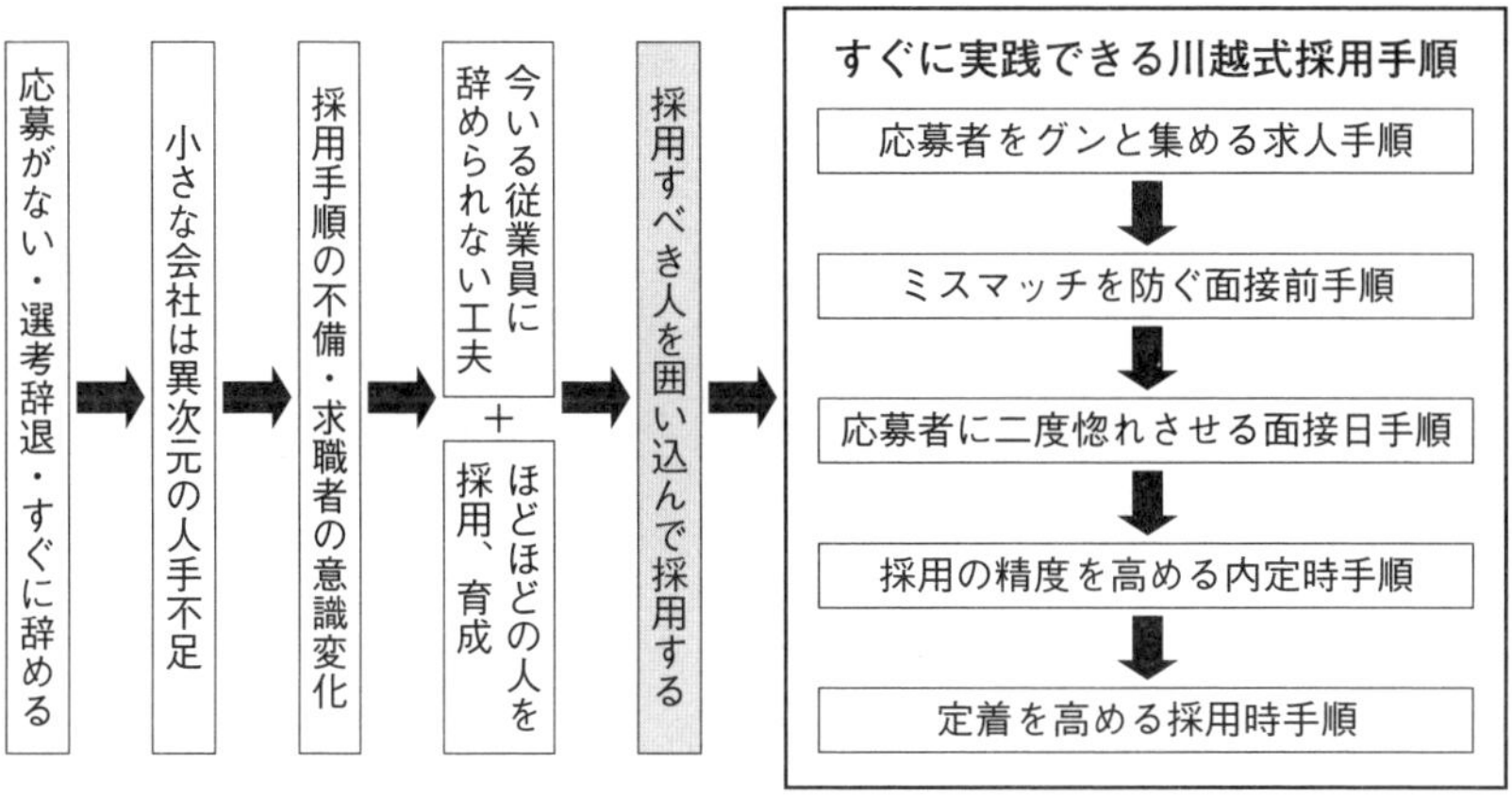

また、採用は投資のようなものであるためそれなりのリスクはある。だから何も優秀な人ではなくても、〝ほどほどの人〟を採用しコツコツと育てるほうがリスクも低い。ほどほどの人とはいうが、採用時にほどほどの人なら、採用後の教育で伸び代が期待でき、結果として優秀化する可能性は十分にある。真面目な人は真面目な会社を好み、そうでない人はそうでない会社を好む。だから、この真面目な採用手順を踏めば、特別に意識しなくても真面目な人を囲い込め、自ずと自社の採用方針に合った人を採用できる。

そのようなことから、小さな会社でもすぐに実践できる〝川越式採用手順〟を、求人、面接、そして採用時の流れに沿って解説していく（**図表1**）。

もちろん、本書で提案する川越式採用手順は〝魔法の杖〟ではなく、当たり前のことを当たり前に行うことを前提にしている。特別な知識がなくても、誰でもすぐに取り組めることばかりで、次章以降の内容は次のとおりだ。

なお、この手順を踏むことは6回の面接を行ったことに匹敵する（**図表2**）。つまり、6回にわたり自社採用基準に合うかどうかフィルターにかけることができるのだ。

図表2　求人から採用まで6回の"面接"

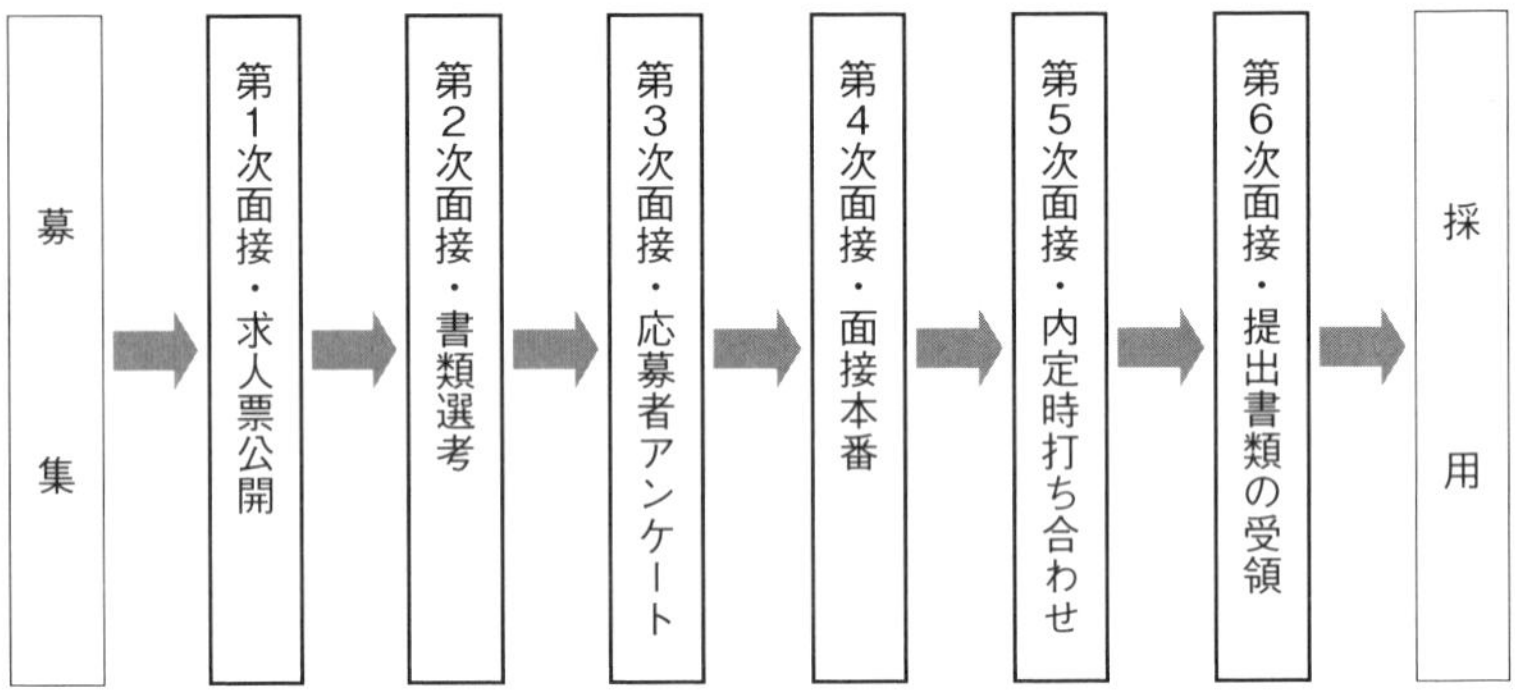

● 第2章では、採用の入口である求人票の作成方法を解説する。求人票は、求職者へのプレゼンテーションのようなものだから、万人受けする必要はないが、それなりの魅力が必要だ。それぞれ記載箇所ごとにポイントがあり、この記載内容により大体の応募者層は決まってしまう。

● 第3章では、面接前、特に書類選考における目の付けどころと、事前面接的な位置付けの応募者アンケートについて解説する。川越式採用手順において面接は重要だが、その前段階としてこの2つは採用のミスマッチを防ぐ観点からも、より重要だ。

● 第4章では、面接本番を中心にその前後の手順を解説する。面接段階では、まだ応募者との人間関係はできておらず、面接前後の手順を通じて会社に好意を持ってもらう。面接は受けたものの採用辞退が多い今の時代、ここでのひと手間が採用の成功に大きく物を言う。

● 第5章では、内定から採用日までに行うべき手順を解説する。中途採用の場合は、この期間が短いので効率よく計画的に行うことが必要だ。採用日に行うべきことを、いかにスムーズに行うかの最終準備段階だ。この段階の対応次第で採用の成否が決まる。

● 第6章では、採用日当日、及びその後2週間頃までに行うべき手順を解説する。ここは採用において仕上げの段階であり、本人はもとより、その家族や身元保証人さんなど外堀を埋めることも重要だ。外堀を埋めて定着率を高めることが、この手順が他と違う大きなポイントである。

1 なぜ採用がうまくいかないのか

今はどこもかしこも人手不足で、特に小さな会社は募集してもまったく応募者がないなど異次元的な状況だ。その要因はいろいろ考えられるが、ここでは統計上のデータ、会社が行う採用手順の問題点、そして求職者意識の変化という3つの視点から捉えてみることとする。

❶ 小さな会社の人手不足は異次元

小さな会社の人手不足は、将来に備えた人材確保というより、まず今日の人手が足りておらず、募集しても応募者ゼロということもめずらしくない。そして、それに拍車をかけているのが、苦労して採用した従業員の早期退職だ。このようなことから、小さな会社の人手不足は異次元の状況とも言える。

◆明日ではなく今日の人手がいない

「募集しても人が集まらない、採用してもすぐに辞める！」「仕事はあるんだけど人がいない」。私が日頃接する中小企業では人手不足がかなり深刻化しており、こんな会話が挨拶代わりだ。それも明日のための人材確保というより、今日の仕事をこなすための人手が不足している――というかいないのである。大企業や中堅企業とは人手不足のレベルが違い、今や異次元の状況だ。何もそう優秀な人でなくとも、頭数でなんとかなる仕事もあるが、ハローワークに求人を出すものの、待てど暮らせど、応募どころか問い合わせすら来ないという会社も少なくない。

◆求人数の15％くらいしか採用できていない

企業の求人数に対し、どの程度採用できているのかの目安になる厚生労働省の指標に「充足率」というものがある。全国計と都道府県別では計算式に若干違いがあるが、全国計は「就職件数÷新規求人数」だ。同省が発表している「一般職業紹介状況」（新卒を除きパートを含む）によれば、この充足率が年度平均で２０１５年度が18・0％、２０１６年度が16・2％、そして２０１７年度が14・8％となっている。もちろんこのデータは、ハローワークの求人・紹介によるものだから、これにより全体を論ずることはできないが、ハローワーク求人に頼る中小企業の採用が厳しいことは確かだ。また、これはあくまで平均であり、業種や規模によってはもっと採用が困難な状況である。

◆採用前に応募者から断ってくる選考辞退も多い

総合求人・転職支援サービス業のエン・ジャパン㈱が２０１６年12月に行った、現在転職活動をしている約１６００人の求職者へのアンケート調査結果がある（図表３）。

２０１７年調査では、選考辞退をした経験が「ある」と答えた人は67％だった。辞退が発生するタイミン

図表3　選考辞退をしたタイミング別・調査年別割合

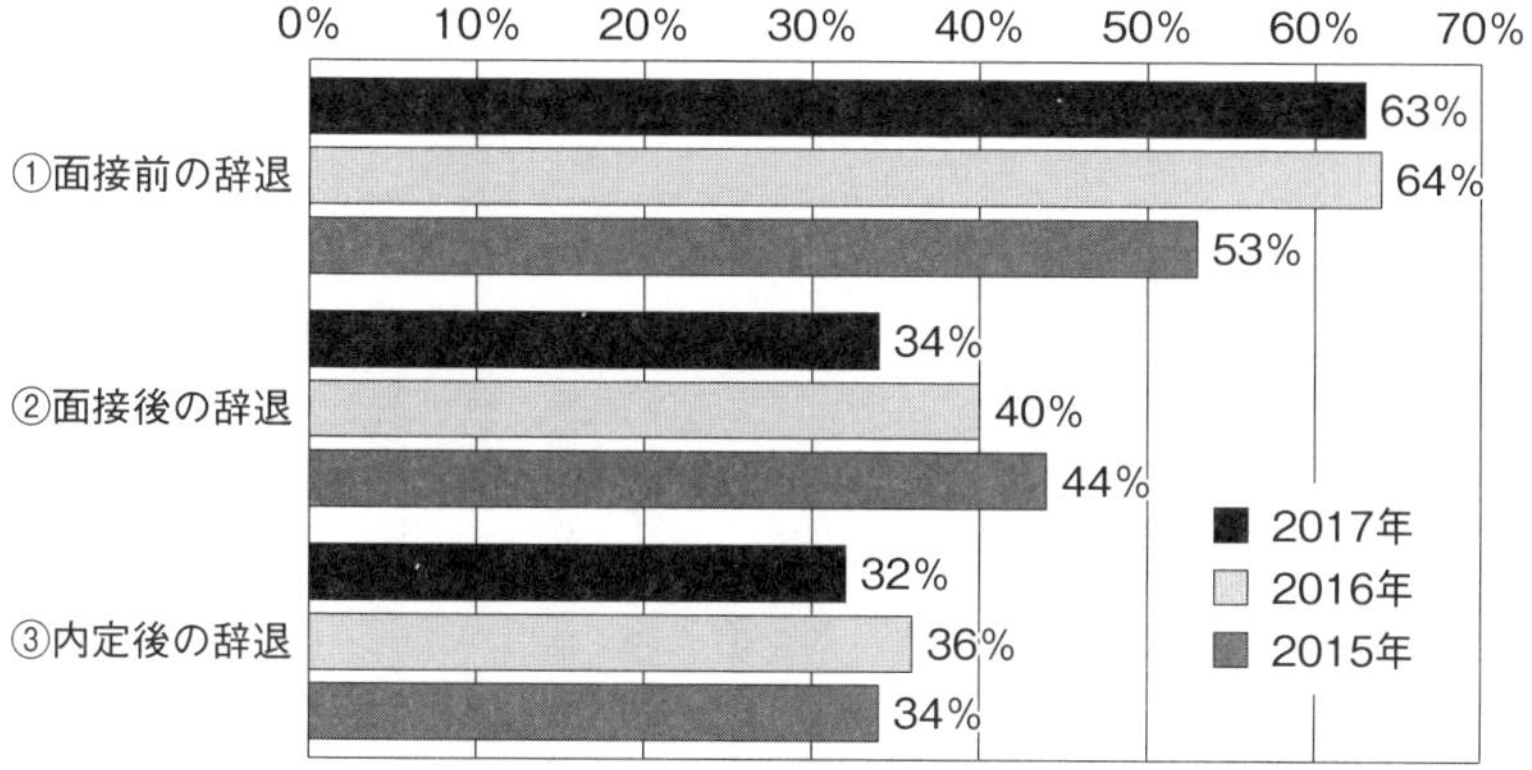

出所：エン・ジャパン㈱　WEBアンケート「辞退の心理2017」

グは、面接前63％、面接後34％、そして内定後32％である。辞退理由で多かったのは、面接前は「応募後に再考し、希望と異なった」、面接後は「面接で詳しく知った仕事内容が希望と合わなかった」、そして内定後は、「勤務地・給与など条件の折り合いがつかなかった」だった。これを一口で言うなら「こんなはずじゃなかった」、いわゆるミスマッチである。

◆採用難以上に深刻な早期退職（離職）

人手不足の主な原因は、新規採用難と採用後の早期退職だが、中小企業では特に後者が深刻である。ようやく採用できたとホッとするも束の間、入社三日目で退職というのもめずらしくない。いくら採用しても早期に退職されては元も子もなく、ちょうど底の抜けたバケツに水を入れるようなものだ。

ちなみに、厚生労働省「平成28年雇用動向調査結果の概況」の平均離職率（パートを除く）は11・4％だ。この調査でいう離職率は、「1年間の離職者÷1月1日時点の常用労働者数」で算出されている（**図表4**）。平均離職率を上回る会社は、まずはこれを下げることが急務だ。早期退職の理由がどちらにあったとしても、頻繁に辞められて困るのは会社である。

図表４　産業別平均入職率・離職率

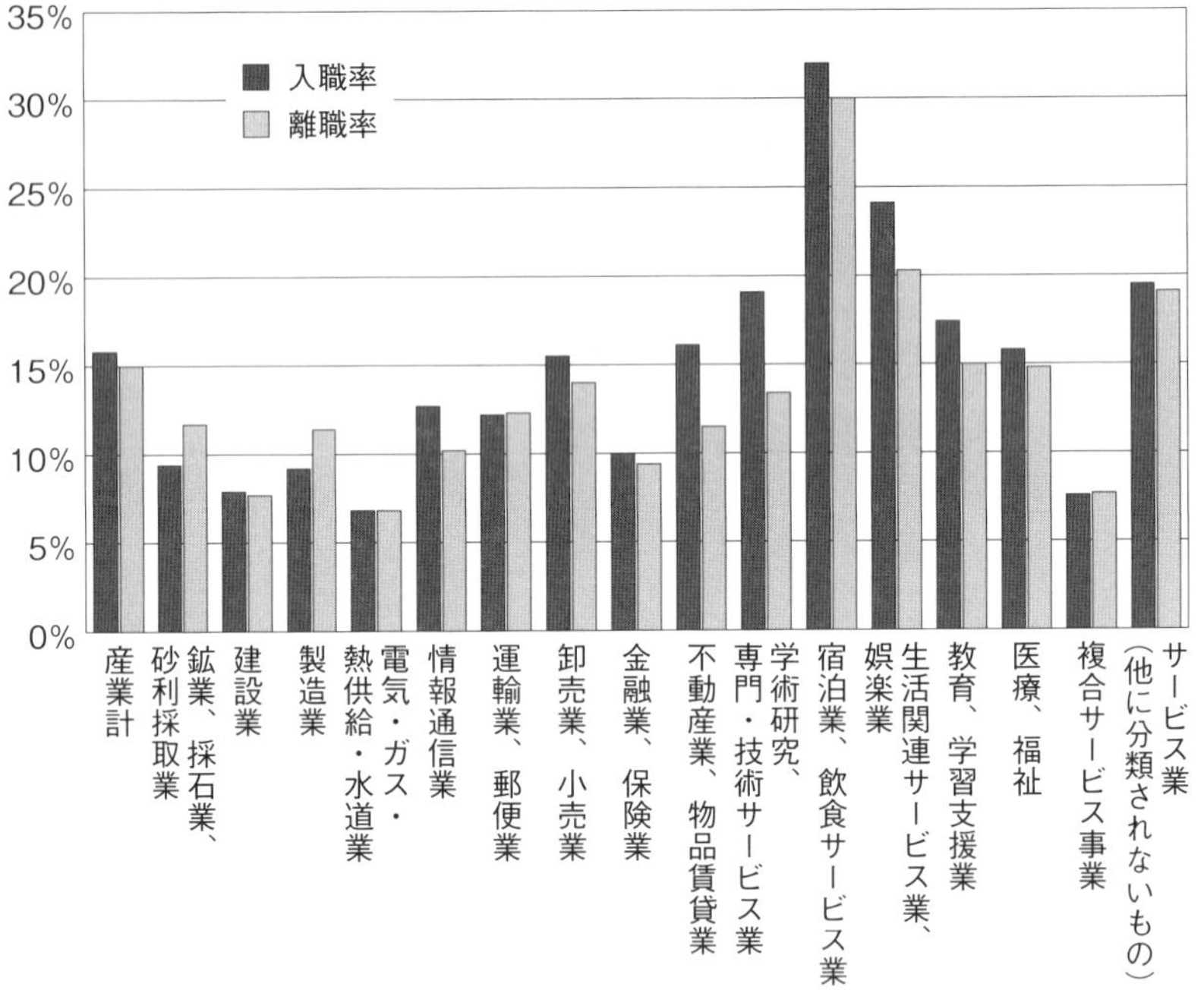

出所：厚生労働省「平成28年雇用動向調査」

２ 失敗するようにやっている失敗する会社

採用に失敗する会社はいつも失敗している。少々厳しい言い方をすれば、採用に失敗する会社は失敗するようにやっているし、いつも成功する会社は成功するようにやっているだけだ。しかし、採用担当が経営者だと、誰も面と向かって問題点を指摘できないので失敗の原因に気づきにくい。そして、めったにあり得ない即戦力の採用という幻想を追うものだから、さらに失敗を繰り返す。

◆成功に不思議な成功あり、失敗に不思議な失敗なし

プロ野球・東北楽天イーグルスの元監督である野村克也さんは「勝ちに不

思議の勝ちあり、負けに不思議の負けなし」と言っている。負けるときは負けにつながる必然的な要因があり不思議な点はないが、勝つときは、どうして勝ったのか思い当たらない不思議な勝ちがあるのだそうだ。

これは採用にも言えることで、失敗に何ら不思議はない。一方、成功する会社は失敗しない手順をキチンと踏んでいることもあるが、たまたま何となく成功していることもある。つまり、成功に不思議な成功はあるが、失敗に不思議な失敗はないということだ。

◆指摘されにくい採用の問題点

採用というのは、大きな投資のようなものだから、一般的に中小企業では経営者の仕事だ。しかし、採用に失敗する会社に限って、採用直後までは異口同音に「今度採用した人は素晴らしい」と言われる。けれども、月日を追うごとに怪しくなり、3カ月も経てば「この前採用した人はちょっと使えないな」ということになり、そのうち「うちにはろくな人は入って来ない」となる。そして、最終的には早期退職という方程式が出来上がってしまう。

もちろん、早期退職されて困るのは一緒に働いている従業員なのだが、採用担当が経営者だと、誰からも面と向かって問題点を指摘されにくい。そのため自社の抱える採用の問題点に気づかず改善もされないので、不思議のない失敗を繰り返すことになる。

◆即戦力の幻想

「即戦力」という言葉には、何となく魅力的な響きがあるがこれは幻想に近い。私自身も人を雇用する立場として、今日採用した人が、今日からバリバリと仕事をしてくれればありがたいと思わないわけでもないが、そのようなことは稀であり、期待するほどストレスが増す。そしてこちらのストレスは相手にも伝わるので、雇用関係がうまくいくはずがない。

やはりほどほどの人を採用し、採用後、自社に合うようじっくりと教え育てていくしかない。もちろん自分は即戦力だと口にする人はいるが、そんな人に限って実際に働いてみると〝鳴かず飛ばず〟だったりする。そもそも、採用は投資のようなもので、即戦力などというまい投資話には用心すべきである。だから、そんな即戦力の幻想を抱いて採用に当たっている限り、採用に成功することはない。

3 変化している求職者の意識

求職者にしてみれば、就職は自分の大切な時間を投資するようなものだ。先行きが不透明な昨今では、その選択は従来にも増して慎重になっている。今の時代、労働条件が同じくらいのレベルであれば、代わりの職場はいくらでもあるわけで、そう我慢してまで働き続ける人は少ない。

◆時代とともに意識も変わる

よく「十年ひと昔」と言われるが、30年以上前の昭和とは隔世の感がある。これは雇用関係も例外ではなく、求職者の意識も随分変わったように思う。私が会社員だった昭和の時代は、とにかく人より抜きん出ることを旨として競争していたし、学校でもそういった雰囲気だった。

しかし、少なくとも平成生まれの人たちは、いわゆる〝ゆとり〟を旨に育てられているはずで、職業生活もその延長線上にあると思って良い。だから食べるため、がむしゃらに働くという意識は薄いはずだし、そのような意識の求職者にとって「やる気のある人大歓迎」などと求人票に書いても逆効果である。それこそ、そんなことを書くと〝ブラック企業〟呼ばわりされかねない。

◆慎重になっている求職者

採用は会社にとって投資のようなものだが、それは求職者にしても同じことだ。一日の大半を過ごす職場としての会社に、自分の労務（時間）を投資し、その対価として賃金を受け取るからである。もし就職先が、いわゆるブラック企業だったり、すぐに倒産してしまったら元も子もないのだ。

求職者もリスクを背負っているから、投資先としての就職先は慎重に選ばざるを得ない。また、会社の対応などに違和感を持てば、採用されても早々に辞めてしまう。

今は、若い時にコツコツ苦労しても、後々報われない会社が多いので、求職者も将来的に帳尻が合えば良いという長期決済志向ではなく、短期的に結果を求める、〝その都度決済志向〟が強いのである。

◆代わりの職場はいくらでもある

いくら人手不足とはいえ、大企業や官公庁は原則として新卒一括採用だ。だから、その会社を一旦退職してしまうと、よほどのことがない限り代わりの職場はない。

一方、中小企業は原則として通年中途採用であり、特に今は人手不足で、多くの会社は年がら年中求人状態である。だから、仮に退職したとしても、同レベルの労働条件であれば比較的簡単に再就職できるのだ。これはパートはもちろんのこと正社員でも同じようなことである。つまり、代わりの職場はいくらでもあるという状態だ。特に、労働条件の割には仕事が厳しかったり、職場の雰囲気が冷ややかだったりすれば、我慢してまで働き続ける人はそう多くない。辞めたところで失うものが少ないのだ。

2 辞められない工夫が採用力強化の第一歩

小さな会社の人手不足に拍車をかけているのが採用した人の早期退職だ。辞められなければ、そう頻繁に人を募集・採用する必要はないわけで、人手不足対策の第一歩は、今いる従業員に辞められない工夫をすることである。ポイントは、ホンネの退職理由を受け止めて改善すること、今いる従業員とその家族を大切にすること、そして、経理感覚の労務から脱却することだ。

1 ホンネの退職理由を受け止めて改善する

退職理由は「一身上の都合」というのが多いが、これは表向きで、実はそこに隠されたホンネの退職理由に職場改善のポイントがいっぱい詰まっている。だから「まったく今どきの人は……」というぼやきから一歩踏み込んで、ホンネの退職理由を受け止めて、その改善に取り組むことが採用力強化の第一歩なのだ。

◆なぜ人は会社を辞めるのか

そもそも退職者がいなければ、そう頻繁に募集・採用する必要はない。では、なぜ人は会社を辞めるのか。

退職理由のほとんどが一応は「一身上の都合」となっていると思う。一応というのは建前ということであり、退職者のホンネはなかなか表に出にくいからだ。

図表5　会社に伝えた退職理由・本当の退職理由

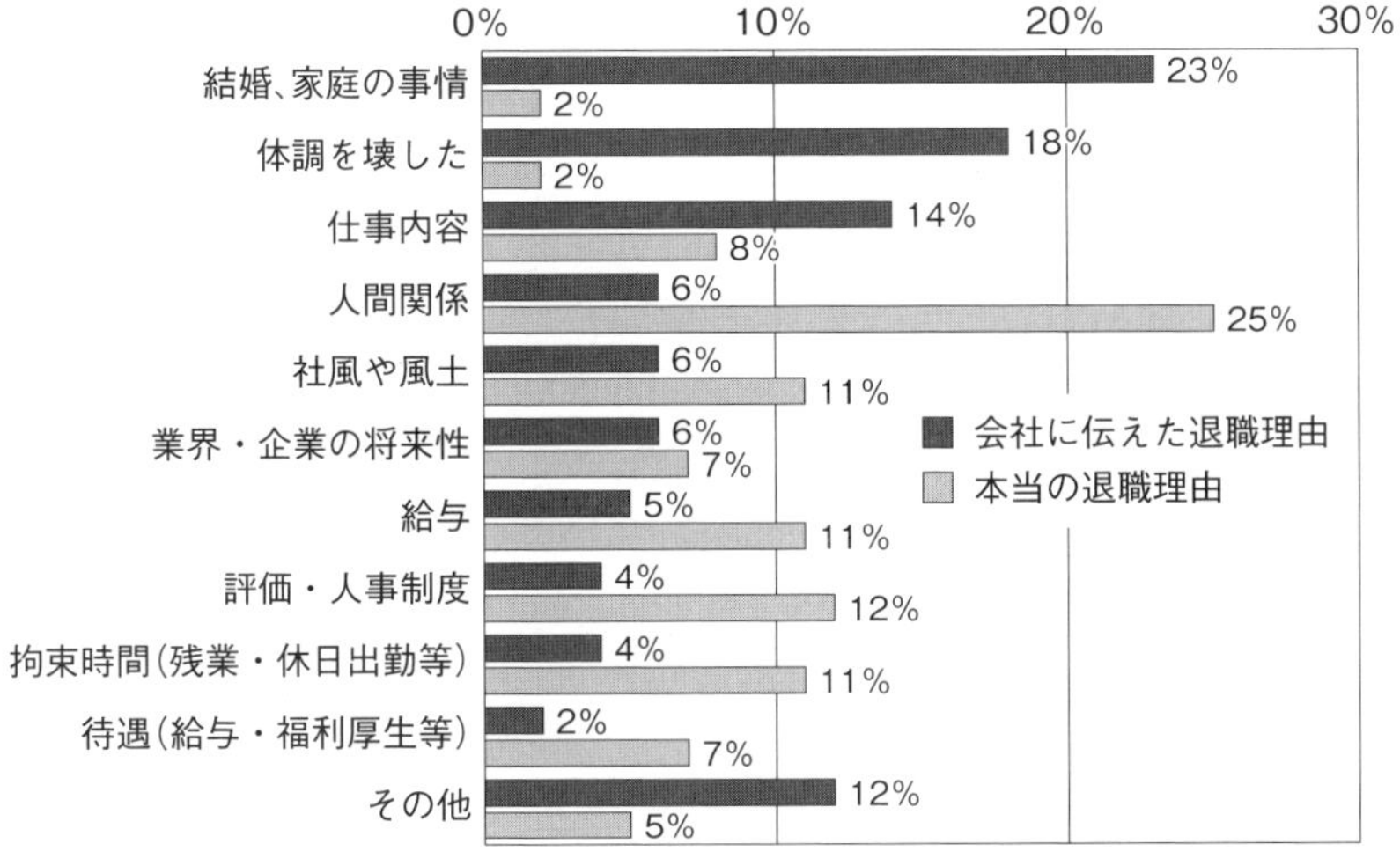

出所：エン・ジャパン㈱　WEBアンケート「退職理由のホンネとタテマエ」

ところで、この一身上の都合には大きくは2つのパターンがある。家族の介護など、やむを得ない退職と転職のための退職だが、注意したいのは後者だ。勤め先である会社を見切ったということである。たとえ不満があったとしても、従業員は経営者を変えることができないので、静かな抵抗として退職するのだ。また、家族の介護などは、体の良い建前の退職理由にされやすいので厄介である。

◆会社には直接伝わりにくい退職者のホンネ

退職理由について、総合求人・転職支援サービス業のエン・ジャパン㈱が、2016年1月に同社の利用者1512名を対象に実施したアンケート調査がある（図表5）。まず、退職者の約半数が本当の退職理由を会社側に伝えていない。下手にホンネを言って、さらに関係が悪くなるより、自然な形で退職し会社との関係を一日も早く絶ちたいのではないだろうか。

また、会社に伝えた理由の上位は当たり障りのないことだが、伝えなかったホンネの退職理由には会社への不満があらわになっている。会社にはホンネが伝わりにくいが、もし、「一身上の都合」とする退職者が立て続くような場合は、会社に何か問題がないかを見直し、その事実を一度冷静に受け止めるべきかもしれない。

◆退職理由の改善が会社の魅力につながる

図表5のアンケート調査で特に注目したいのは、退職者が会社に伝えなかったホンネの退職理由だ。「人間関係」25％、「評価・人事制度」12％が上位を占め、これだけで全体の3分の1である。

だから、よほど他に群を抜く魅力がなければ、まず職場の雰囲気づくりや、公正な評価・人事制度に取り組むだけでも会社の魅力は高まるはずだ。このようなことは、経営者にしかできず、経営者が本気で取り組むべき仕事である。つまり経営者次第ということだ。人が会社を辞めるホンネのところは大体似たようなものである。だから、ここらあたりを改善することが重要だし、この改善がなければ採用の失敗を繰り返すだけだ。

❷ 今いる従業員とその家族を大切にする

採用というと、どうしても新しく採用する人に目が行きがちだ。しかし、今いる従業員とその家族を大切にしてこその新規採用である。労働条件は世間並みなのに定着率の悪い会社は、従業員うんぬんというより、経営者やその家族に問題がないか謙虚に見つめ直すことも必要なのかもしれない。

◆ベースは「人を大切にする経営」

「人を大切にする経営学会」会長の坂本光司先生は、企業経営において大切にすべきは次の5人だと言われている。①社員とその家族　②社外社員とその家族　③現在顧客と未来顧客　④地域住民（とりわけ障がい者や高齢者など社会的弱者）⑤株主・出資者だ。重要なのはその順番だが採用においても同じである。

採用は、どうしても新たに採用する人に目が行きがちだが、もっと重要なのは今いる従業員に辞められないことだ。だから、まずは今いる従業員とその家族を大切にすることが重要なのである。こうすることで、社内の雰囲気はグンと良くなる。

◆今いる従業員とその家族に安心感を持たせる

今いる従業員と、その従業員を一所懸命支えている家族を大切にすべきである。これは、単にご機嫌をとって甘やかすのではなく、当たり前のことを当たり前に行うことだ。これだけでも会社への安心感は高まり、安心感があるからこそ、会社への満足感が高まる。そして、今いる従業員が会社に満足していればこそ、新入社員にやさしくできるし、顧客への対応も良くなるものだ。

こういう雰囲気にならないと採用はうまくいくはずがない。逆に恣意《しい》的で従業員をコストとしてしか考えていないと、それに甘んじるような人しか集まらないし定着もしないのである。

◆こんな会社をめざす

今いる従業員とその家族を大切にする経営のバロメーターとしては2つある。1つは社内結婚と子どもの多さだ。会社の雰囲気が良いからこそ結婚して夫婦で勤め続けられるし、会社に安心感があるからこそ子どもを産もうという気になる。

もう1つは、自分の子どもや友だちなど大切な人を会社に入社させたいと思っている従業員が多く、実際に親子などで働いていることが多いことだ。今いる従業員が会社から大切にされていると実感していない限りあり得ない話である。まさに大家族経営であり、中小企業らしい採用力強化策として大いに結構なことだ。

◆改善すべきは経営者やその家族であることも

前掲のアンケート結果（図表5）によれば、退職者のホンネは4分の1が「人間関係」に不満があっての退職だ。人間関係には主に従業員と従業員、従業員と経営者の関係がある。中小企業では経営者やその家族の影響力が強いので、後者の関係がより重要だ。

というのも、私自身もそうだが、経営者やその家族は、従業員や外部の関係者から面と向かって「あなたが問題だ」とは指摘されにくく、自らの問題に気づきにくいからだ。ありそうでないのが経営者の人望であり、こういうことに、応募者や採用されて外部から入って来た人は敏感である。

3 経理感覚の労務から脱却する

自分一人、もしくは家族だけで生業的にやっていくのであれば、帳簿など経理関係さえキチンとやっておけば労務など必要ない。しかし、従業員を雇用するとなればそれだけでは通用せず、今はそれなりの労務知識と感覚が必要になる。もし、それができないのであれば人など採用しないほうが良い。

◆似て非なるもの経理と労務

ひと口で言えば、経理というのは会計に関する事務、労務というのは、労働に関する事務である。小さな会社だと、経理と労務を同じ人が担当していることがほとんどだ。しかし、その考え方は大きく違うので、同じ感覚というか、労務を経理の延長線でやっていると失敗しやすい。

この2つで大きく違うのが、経理は2次元、労務は3次元だということだ（図表6）。経理というのは、

図表６　経理は２次元、労務は３次元

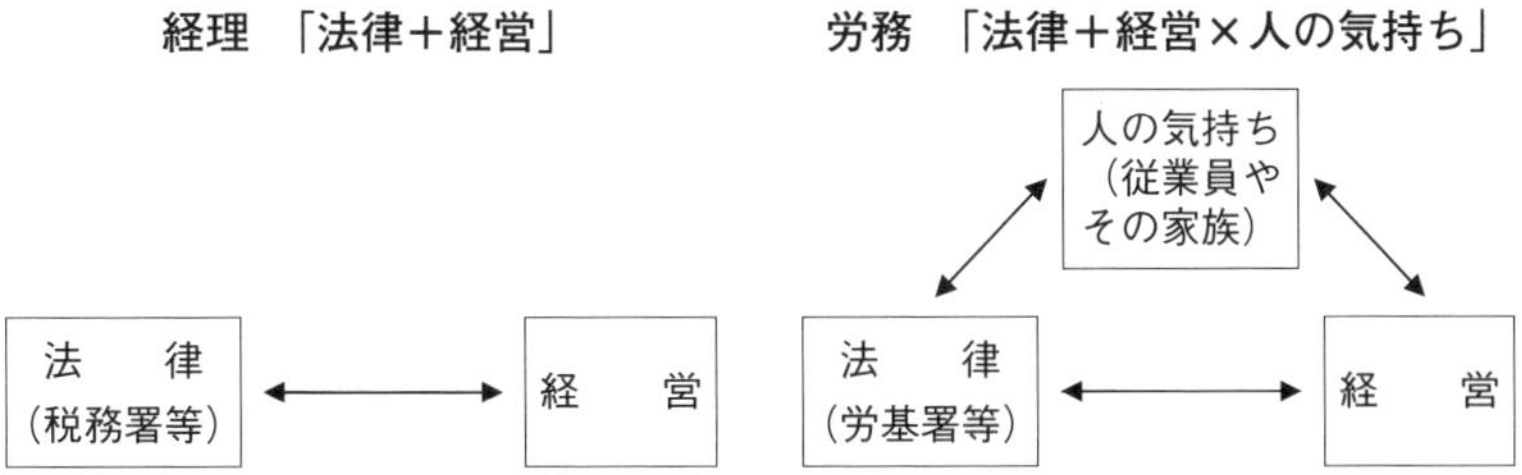

取りあえず「法律＋経営」で片が付くが、労務は人を対象としているので、それに加えて「人の気持ち」への配慮が必要になる。カネやモノと違い人には感情があり、理屈ではなく感情で動くからである。

もっと厄介なのは、カネやモノと違って人の問題は数値化しにくいので、雇用関係の異変に気づきにくい。

◆労務は法律、経営、人の気持ちのバランスを保つことが重要

労務というのは、何を言ったかではなく誰が言ったかで結果が決まることもある。いや、むしろそのほうが多いのかもしれない。だから、担当者によっては、同じことを言っても同じ結果になりにくいのだ。

重要なのは法律、経営、人の気持ちのバランスをどう保つかである。中でも最も重要なのは、人の気持ちに配慮することだ。しかし、そうは言ってもその押し売りは逆効果だ。押し売りというのは、相手が望んでいないような〝ご厚意〟を一方的に押し付けることであり、こちらは満足するが相手にとっては大きな迷惑だ。ご厚意も度を過ぎれば単なるお節介である。このようなことは理屈ではなく、その場の雰囲気などで感じ取ることだ。

◆人を雇わないという選択肢もあり得る

人を採用して雇用するということは、少なからず採用された人の人生を預かるということになる。だから、それなりの覚悟が必要だし、それがない中途半端な採用は、雇用創出による社会貢献というよりむしろ社会悪ではないか。確

かに本書は採用手順の本だが、人の気持ちへの配慮などが苦手な人は、かえって人を雇わず自分一人、もしくは家族だけで事業を展開するという選択肢もあり得る。そうであれば、「法律＋経営」の経理関係さえキチンとやっておけば十分である。人を採用するからこそ、厳しい労働法の規制や人の気持ちへの配慮などが必要になるのだ。そもそも、会社には人を採用する自由もあれば、採用しない自由もある。

3 小さな会社はほどほどの人を採用するのが現実的

採用は投資のようなものだから当然リスクもある。そのリスクを下げるには、何も特別なことをしなくても、当たり前のときに当たり前の手順を踏めば良いし、チームワークで仕事をすることを考えた場合には、ほどほどの人を採用するほうが現実的だ。優秀な人材だからといって協調性があるとは限らない。

1 採用は投資のようなもの

採用は投資のようなもので、失敗しないに越したことはない。しかし、新卒の採用に比べて中途採用の場合は職歴がある分、考え方のミスマッチ（食い違い）が起こりやすいものだ。そして一旦採用してしまうと、そう簡単に解雇できないし、すべきでもない。

◆採用には2つのリスクがある

採用は投資のようなものだが、主に2つのリスクがある。優秀な人を採用できないリスクと、そうでない人を採用してしまうリスクだ。前者は最初からいなかったと思えばゼロである。それに、いくら優秀な人とはいえ、人の2倍仕事をしてくれる人はいないので採用できなくても諦めがつく。

しかし、後者は問題だ。そもそも採用というのは時間を買うようなものだが、そのような人を採用してしまうと逆に時間を取られてしまう。その人の時間だけならまだしも、経営者をはじめ、周りの何人もの人が振り回される。例えば、ミスが多いと他の従業員が手直しするため時間が取られるし、顧客とのトラブルを起こせば経営者が謝罪に行かなくてはならない。

もちろん、従業員のミスも成功の糧《かて》と考えれば仕方ないことではあるが、度を過ぎると大きな痛手だ。

◆ミスマッチはお互いに不幸

中小企業の場合は、ほとんど中途採用だから、多様な人生観なり職業観を持った人が応募してくる。それに中小企業は採用も比較的簡単に行われるので、それだけミスマッチのリスクも高まるというものだ。もちろん多様な考え方は個性として尊重すべきではあるが、会社にそれらを受け入れるだけの度量がないと、採用しても社内が混乱する。先ほど、採用のリスクについて述べたが、能力不足もさることながら大きいのは考え方のミスマッチだ。このようなミスマッチは、仮に採用しても簡単にその溝は埋まりにくく、お互いに不幸だからである。

まして歳を重ねていると、私もそうなのだが（私だけかもしれないが……）頑固さを増し、考え方がそう簡単に変わることもなく、さらに溝は埋まりにくいものだ。

◆採用の自由、解雇の不自由

日本では会社が誰を採用するかという、採用の自由は広く認められているが、解雇は厳しく規制されている。採用してみてダメだったからといって、基本的に解雇は不可能に近いと思ったほうが無難だ。単に、30日分の解雇予告手当を払えば済むという話ではない。だから、仮に解雇しようとすれば、それなりの理由は当然必要であり、かなりの時間と金銭が必要になるし、解決しても後味は悪いものだ。残念ながらごく稀に、そのようなことを最初から狙って入社してくる人もいる。

また、解雇というのは今いる従業員にも悪影響を与えるから極力避けるべきである。表向きは平然としていても内心穏やかではないはずである。他の従業員にしてみれば明日は我が身という気持ちになるのだ。

2 〝ほどほどの人〟がありがたい

世の中には、ほどほどの人が圧倒的に多く、中小企業が採用で狙うべきはそのような人たちだ。チームワークで仕事をする場合、実はこんな人たちがとてもありがたい。逆に優秀すぎる人は良いも悪いも紙一重であり、それはそれで新たなリスクを抱え込むことにもなる。

◆求職者も2対6対2

「2対6対2の法則」というのをご存じだろうか。人々が集団やグループを構成した場合、自然発生的に2対6対2の割合になるという法則である。平たく言えば、優秀な人が2割、普通（ほどほど）の人が6割、そしてそうでもない人が2割という割合になるということだ。この法則は求職者にも当てはまる。

つまり求職者には優秀な人ばかりもいないし、そうでもない人ばかりもいないということだ。確かに採用するのは優秀な人がいいが、優秀すぎる人と難しい人は紙一重である。紙一重というのは、その能力をプラスに活かしていただければ大変ありがたいが、そうでないととんでもないことになるということだ。だから、全体の6割を占めるであろう、ほどほどの人に応募していただき、採用できれば、とりあえず採用は成功である。

◆小さな会社はチームワーク

なぜ優秀すぎる人が困るかというと、小さな会社はチームワークで仕事をするので、ずば抜けている人が1人いると職場内で浮いてしまいチームの秩序が乱れるからだ。ちょうど、道路を我が物顔でグングン追い抜いていく車が一台いると、他の車は渋滞してしまい迷惑なのと同じようなことである。

会社にはいろいろな役割の仕事があるので、考え方なり人柄さえ普通であれば、少々能力不足があっても従業員同士助け合いながら何とかなるものだ。逆に少々能力が高くても、人柄が悪いと助け合うどころか社内不和になりかねない。

ちなみに、日本では憲法上、義務教育をキチンと終了していれば、勤労の義務を果たし、納税できるということになっている。

◆最適な年齢も時代とともに変わる

ほどほどの人が良いと言ったが、何も能力だけの話ではない。例えば年齢だが、どこの会社も若い人が必要かといえばそうでもないはずだ。世の中全体が高齢化しており、多くの場合そのような方を顧客にしているわけだから、サービスを提供する従業員の年齢も、ほどほどに高くても良いのではないか。現に、休日のデパートなどはベテランの熟年店員さんも多いが、これが客の立場からもホッとする。会社に必要な最適年齢も時代とともに変わるということだ。もちろん、今は原則として募集・採用で年齢制限はできない。

ちなみに私は社会保険労務士事務所を営んでいるが、職員はほとんど40歳以上だ。これがかえって若い人より、対応が丁寧で顧客の評判も良いのである。実にありがたいことだ。

3 当り前の手順を踏めば当り前の人が集まる

採用は、めぐり合わせというかご縁である。よほど人を見抜く力に長けている人は別にして、採用すべき人を選び抜くというよりも、採用すべき人から会社を選んで応募してもらうほうが失敗しにくい。採用に不思議な失敗はないわけで、会社が当たり前の手順を踏めば当たり前の人しか集まらないものである。

◆採用はご縁

「縦の糸はあなた　横の糸は私　逢うべき糸に　出逢えることを　人は仕合せと呼びます」。中島みゆきの『糸』という歌の一節だが、まさに採用もめぐり合わせというかご縁である。昨日まで見ず知らずの会社と求職者が、一枚の求人票を介して出逢い、応募し面接のうえ採用され雇用関係に入るわけだからご縁そのものだ。そういう意味では夫婦の出逢いとも相通ずるものがある。夫婦は、昨日まで別々の人生を送って来た他人の2人が、ある日何かをきっかけに出逢い、ご縁により夫婦関係になるからだ。

また、会社の求人票公開や、求人票を見る時期が1日、1時間でもずれていれば出逢うこともなかったわけだから、こんなことは意図してできるものでもない。タイミングにもよるが、まさにご縁である。

◆選ばずして選ばれるのがポイント

採用はご縁だと述べたが、それだけではあまりにも他力本願になる。かといって面接や筆記試験で人が見抜けるかといえば、採用についてよほど特殊能力を持たれている人以外所詮は無理な話だ。そもそも優秀な人など選ぼうとして選べるものでもないからである。

確かに、目新しい筆記試験・適性検査や複数回の面接実施も一定の効果はあるだろうが、それだけでうまくいけば誰も採用で苦労はしない。だから、会社が選んで採用するというよりも、採用すべき求職者から会社を選んで応募していただき、採用することがポイントだ。選ぶより選ばれるほうが採用の失敗は格段に少ない。ではどのようにすれば良いのか……。

◆成功の手順より失敗しない手順を踏む

私自身も経営者として事務所の職員採用面接を行う。正直なところ、私は採用面接で人を見抜く特殊能力は持ち合わせていないが、今まで基本的にそう大きな失敗をしたことがない。こういうと自慢しているように思われるかもしれないが、そうではなく、単に失敗しないような手順を愚直に踏んでいるだけだ。

先述したように、成功に不思議な成功はあるが、失敗に不思議な失敗はない。だから、成功手順はたまたまの成功ということもあり、これを踏んだところで必ず成功するとは限らないが、失敗しない手順は必然的に失敗を防げる。会社が当たり前の手順を踏めば当たり前の人しか集まらないし、そのような人たちの中から採用するのだから、結果として失敗する確率は低い。

4 これが中小企業でもすぐに実践できる川越式採用手順

川越式採用手順は、求人から採用後2週間くらいまでに行うべき手順を具体的に定めたものだ。何も特別なことをしなくても、この手順をキチンと積み重ねていくことにより、人を見抜く自信のない方でも、自ずと、会社に必要な採用すべき人を囲い込んで採用できる。そして、この採用手順は次のステージである定着につながっていく（図表7）。

1 採用すべき人を採用する川越式採用手順

採用は応募者数をやみくもに増やすことが目的ではなく、あるべき採用手順を踏みながら、会社の考え方に合う採用すべき人を徐々に囲い込んで、その中から採用し定着させることが目的である。そのためには、名将・徳川家康の言葉にもあるように、ある程度の待遇も必要だ。

◆面接前に囲い込みを終了

もちろん、求人をする立場として応募者が殺到するというのは嬉しいものだ。しかし、採用すべき人を採用するという視点からすればどうなのだろうか。例えば野球で、ストライクゾーンがめちゃくちゃ広いのと狭いのとでは、どちらが打ちやすいかということだ。前者は何でもありになりやすく、後者は狙う球を絞り

図表７　川越式採用手順における採用時の流れ

書類選考、面接など	内定日	内定時打ち合わせなど（事前準備）	採用日	採用時の事務手続き、法定試用期間	採用後２週間
選考時	➡ 内定時		➡ 採用時		

込みやすい。つまり、いろいろな応募者が多数集まるより、できるだけ従業員として採用可能性のある人に応募してもらったほうが採用の失敗は少なくなるものだ。だから、川越式採用手順では求人や面接前の段階で、ある程度の囲い込みが終了する。もちろん、ここでいう囲い込みというのは、会社の経営方針や採用方針に納得したうえで、入社を希望する人たちに絞ることであり、障がい者や高齢者を排除することではない。

◆ある程度の待遇を準備する

採用において、できるだけ良い人材を確保したいのは当然だ。もちろん、そこそこの待遇で採用できればありがたいが、よほど会社に魅力がなければそのようなことはあまりない。つまり、良い人材を確保し定着させようと思えば、ある程度の待遇が必要だ。ある程度とは、世間並みよりちょっと上のレベルである。世間並みだと、あくまで世間並みであり、普通だから他社との差別化にはならない。仮に、世間並み以下の待遇で採用できたとしても、いずれは不満を持たれて辞められてしまう。

特に今のような求人難の時代は、中途半端な待遇だと、ほどほどの人も集まらないし、下手をすると他社が採用しないような中途半端な人を採用してしまうことになりやすい。

◆徳川家康に学ぶ

徳川家康といえば、江戸幕府270年の礎を築いた名将である。しかし、そのような名将でも家来の扱いには、それなりに悩んでいたようだ。亡くなる直前に記されたとされる〝大将の戒め〟は非常に奥が深く、従業員の採用やその後の雇用関係のあり方に大きなヒントを与えてくれる（図表８）。特に「よい家来を持とうと思うなら　わが食を減らして

図表8　徳川家康・『大将の戒め』

大将というものは
敬われているようでその実家来に
絶えず落ち度を探られているものだ
恐れられているようで侮られ
親しまれているようで疎んじられ
好かれているようで憎まれているものじゃ

大将というものは
絶えず勉強せねばならぬし
礼儀もわきまえねばならぬ
よい家来を持とうと思うなら
わが食を減らしても
家来にひもじい思いをさせてはならぬ
自分ひとりでは何も出きぬ
これが三十二年間つくづく
思い知らされた家康が経験ぞ

家来というものは
禄でつないでならず、機嫌をとってはならず、
遠ざけてはならず、近づけてはならず、
怒らせてはならず、油断させてはならぬものだ
「ではどうすればよいので」
家来は惚れさせねばならぬものよ

も　家来にひもじい思いをさせてはならぬ」のくだりは従業員待遇の考え方そのものだ。確かに、400年前とは時代背景が違うが、大将を社長に、家来を従業員に置き換えれば雇用関係の方向性が見えてくる。こう考えれば、たとえ時代は変わっても人間関係など、人の基本的な考え方はさほど変わらないということだ。

2　選ばれる立場であることを認識する

求人票はプレゼンテーションのようなもので、他の求人している企業に比べて魅力的にし、求職者から選んでもらわなくてはならないが、差別化するには働きやすさを実感させることだ。また、中小企業では中途採用・ハローワーク求人が多いので、それを前提に話を進める。

◆求人票はプレゼンテーションのつもりでつくる

求人票も見ようによってはプレゼンテーションの

ようなものだ。プレゼンテーションが数ある企画案の中から選んで採用してもらわなくてはならないのと同じで、数ある求人票の中から「ここにしよう」と選んで応募してもらわなくてはならない。

このように、今は会社が求職者から選ばれる立場であることを認識すべきだ。また、プレゼンテーションと同じく、求職者に見てもらえる時間も、求人票に書けるスペースも限られている。だから、求職者の目にパッと止まり会社に興味を持ってもらうことが必要だ。つまり求職者志向の求人票でないと応募先として選んでもらえない。

◆働きやすさを実感させる

少々厳しいことを言えば、中小企業の「正社員求人」にどれほどの魅力があるのだろうか。責任や労働時間だけ正社員で、待遇はパートタイマー並みでは話にならない。いわゆる〝パートタイマー風正社員〟である。程度の差はあれ、会社が考えているほど求職者にとっては魅力がないと思ったほうが確かだ。場合によっては「だったら気楽にパートのほうが良い」と敬遠されるかもしれない。現に、会社の意に反しパートさんが正社員への登用を拒否するケースもある。だから、働きやすさを前面に出すしかない。働きやすさというのは、労働時間や休みやすさと賃金のバランスである。もちろん、働きやすいかどうかは働く人が決めることだから、そのように実感させることが必要だ。

◆自社に合う求人媒体を選択し活用する

今は、求人誌、インターネット広告など様々な求人媒体がある。コスト面や手軽さなどから一般的には国が運営しているハローワークが無難ではないだろうか。一般的にというのは、例えば、いわゆる「高度プロフェッショナル」などと言われる人たちは、公共サービス機関であるハローワークに仕事を探しに行くことはないだろうし、ハローワークの紹介にはなじまない。

仮にそのような人を採用したいのなら、それなりの求人媒体を使い、それなりの費用をかけることが必要だ。逆に、一般的な求職者にとっては、やはりハローワークが身近な存在である。そこで、この川越式採用手順では、中小企業で多い中途採用・ハローワーク求人を前提に話を進めていく。

3 面接の根回し、本番、後回し

面接では根回し（事前の準備）、本番、そして後回し（事後のフォロー）を意識する。特に、面接は受けたものの入社をためらっている人に対しては、面接終了後のフォローである後回しが欠かせない。他社があまりやらない分、採用辞退防止には抜群の効果がある。

◆面接前に面接を済ませる

求人票を見てとりあえず応募はしたものの、実際にどんな会社なのか分からない状態では面接に行くこと自体不安なものだ。「面接を受けると断りにくいし……」。だから、この段階はとにかくキチンとした会社であることをアピールすることだ。もちろん、「うちの会社って良いでしょ」などと直接訴えるとウソっぽくなるので、面接日の連絡など丁寧な対応で、応募者自身に真面目な会社であると感じ取ってもらう。キチンとした対応をすれば、真面目な応募者ほど会社への評価を高める。逆に、そうでもない応募者はキチンとした対応が苦手なので、「こんなしっかりした会社じゃ自分の化けの皮がはがれる」と、この段階で辞退してくれる。段取り八分、これで面接前に面接を済ませるようなものだ。

◆面接本番では「応募して良かった」と思わせる

面接本番は、言わばお見合いのようなものだから、できるだけ気持ち良く始めて気持ち良く終わる。面接本番で好感を持ってもらうと、その後の展開が何かとスムーズにいく。また採否にかかわらず、応募者から、特に採用にならなかった人からも「この会社に応募して良かった」と思わせることがポイントである。時として、採用にならなかった人からは逆恨みされる可能性もあるからだ。

また、面接本番で最も重要なのは、質問として聞いて良いことと、悪いことをしっかり区分けしておくことである。下手に余計なことを聞いて、後々トラブルになることだってめずらしくない。だから、当然質問票は準備しておく。

◆面接後に「ぜひ入社したい」と思わせる

面接まで終わると、会社も応募者もホッとしてしまうが、実はここからが、採用の辞退をいかに減らせるかの勝負である。せっかく応募し、面接に来てくれた人を会社のファンにするのだ。こちらは入社してほしいと思っていても、相手はそうでもなかったりするので、他社がやっていないようなあの手この手を使って、応募者の気持ちをグッとつかむ。このようなことを通じて、面接後の「どうしようかな」を「ぜひ入社したい」に仕向ける作戦だ。

また、中小企業には面接のプロなどいない。だから、いくら注意していても聞いてはいけないことを聞いていたりするものだが、会社に好感を持ってもらえば多少のことは帳消しにしてもらえる可能性もある。

④ 採用の成功を決する内定・採用時3つの手順

採用において、成功を決する最後の仕上げは、内定時から採用時までの手順である。内定時というのは、内定日から採用日前日、採用時というのは、採用日から採用後2週間くらいまでだ。もちろん採用することが目的ではなく、重要なのは定着させ育成し戦力化することである。

◆内定時に雇用関係の事前準備を行う

面接を終え採用内定の通知をしたら、次に会うのは採用日という会社も少なくないと思う。しかし、採用は大きな投資であり、人を1人雇うとなるとそれなりの手続きや書類が必要だ。こんなことを採用後にやろうとすると後手後手になり、雇用関係が何となく甘くなりやすい。

だから、内定日から採用日の間に最低1回は内定時の打ち合わせを行い、労働条件や仕事内容の再確認、採用にあたり必要な提出書類の依頼をする。また、雇い入れ時の健康診断もこの時期に実施し、採用後スムーズに雇用関係に入れるように準備をしておく。雇用関係も段取り八分であり、こうすることにより、雇用関係の主導権を会社が握ることができる。

◆採用時の手続きは厳格に行う

何事も最初が肝心だ。採用時にやるべきことをどれだけキチンとやるかにより、採用した従業員との関係は決まる。いい加減にしていれば「この会社ゆるいな」と思ってゆるくなるだろうし、キチンとすれば「自分もキチンとしておかないと」ということになりやすい。また、キチンとしたことが苦手な人は、居心地が悪く早々に退散するかもしれないが、それはそれでありがたいことだ。

よく「子は親の鏡」だといわれるが、雇用関係も同じで「従業員は会社の鏡」なのである。やるべきことは雇用契約書の取り交わしや社会保険の手続きなどであり、採用日当日、いの一番に行うべきだ。そのために採用日前の事前準備で提出書類の依頼をしておくのである。

◆外堀を埋めて定着率を高める

採用はゴールではなくスタートである。俗に「釣った魚に餌はやらぬ」ということを言われたりする。しかし、雇用関係ではまったく的外れだ。入社していただいたからこそ、より礼を尽くすべきなのである。それも、本人はもとより従業員の家族や身元保証人さんなど、外堀を埋めることが重要だ。例えば、結婚する場合に、まずご両親やご兄弟などを味方につけろというが、それと同じようなことである。

従業員は子も同然であり、その家族などとは、親戚づきあいのような関係が始まるわけだから何らかのご挨拶は必要である。ひと昔前の就職氷河期ならまだしも、今の時代はまず会社から行うべきだ。これが従業員の定着率をグンと高めるのである。

労務小話 第1話

産前産後休業

八五郎の女房・和子（通称おかず）、亭主同様に人は良いが少々おっちょこちょい。子供が小学校に上がるのを機にパートで働きだして早三年。仕事にもだいぶ慣れてきたところである。

そんな、おかずさんが思いもよらず妊娠したのだ。しかし、前回出産したのはもう十年も前であり、その当時は専業主婦でもあったので今回はどうしたらいいのか分からず、例によって近所に住む物知りのご隠居さんを訪ねた。

おかず：こんちわー、ご隠居さんいらっしゃいますか。

ご隠居：おぅ、このたびはおめでとう。

おかず：ありがとうございます。それで、出産や育児のお休みですが、今はどうなってるんですか？

ご隠居：「産前産後休業」と「育児休業」、いわゆる産休と育休がある。産休は、出産当日を含めて産前42日（双子以上の場合は98日）、産後56日じゃが、産前に休むかどうかは自由じゃ。産後は働くことはできんが、産後42日を過ぎて本人が希望し、お医者さんが支障ないと認めた場合は働けるぞ。

おかず：だったら産前に休むかどうかは、私の体調と意思次第ですね。ご隠居さんも体調と意思が気になると言ってませんでしたっけ。

ご隠居：わしが気にしとるのは胆石じゃ。

（つづく）

第2章

応募者がグンと集まる求人票の〝かくし味〟

本章のポイント

一、応募者層は求人票で決まる
二、仕事の内容は素人にも分かるように記載する
三、賃金は世間並みのちょっと上に設定する
四、労働時間・休日で働きやすさを伝える
五、4つの自由記載欄で求人票の魅力をグンと高める
六、応募条件・選考手順などをハッキリと明示する

本章では、中途採用（転職）の場合によく利用されるハローワーク求人票の作成方法を解説していく。なお、会社が作成するのは求人申込書だが、本書では便宜上これを「求人票」という。

ハローワーク求人票は何となくお堅い感じがして、内容を他社と差別化する余地はなさそうにも思える。しかし、これがなかなか奥深く、求人票のしくみを理解して、求職者の知りたい情報を積極的に記載すれば、採用すべき応募者をグンと増やすことは十分可能だ。

もちろん大切なのは、やみくもに応募者数を増やすことではなく、採用すべき人に応募してもらうことである。そのために、求人票の内容は万人受けする必要はなく、「会社はこんな人に応募してほしい」というメッセージが求職者にハッキリと伝われば、その内容により応募者層は自ずと決まってくる。こうすること

図表9　第2章の全体構成

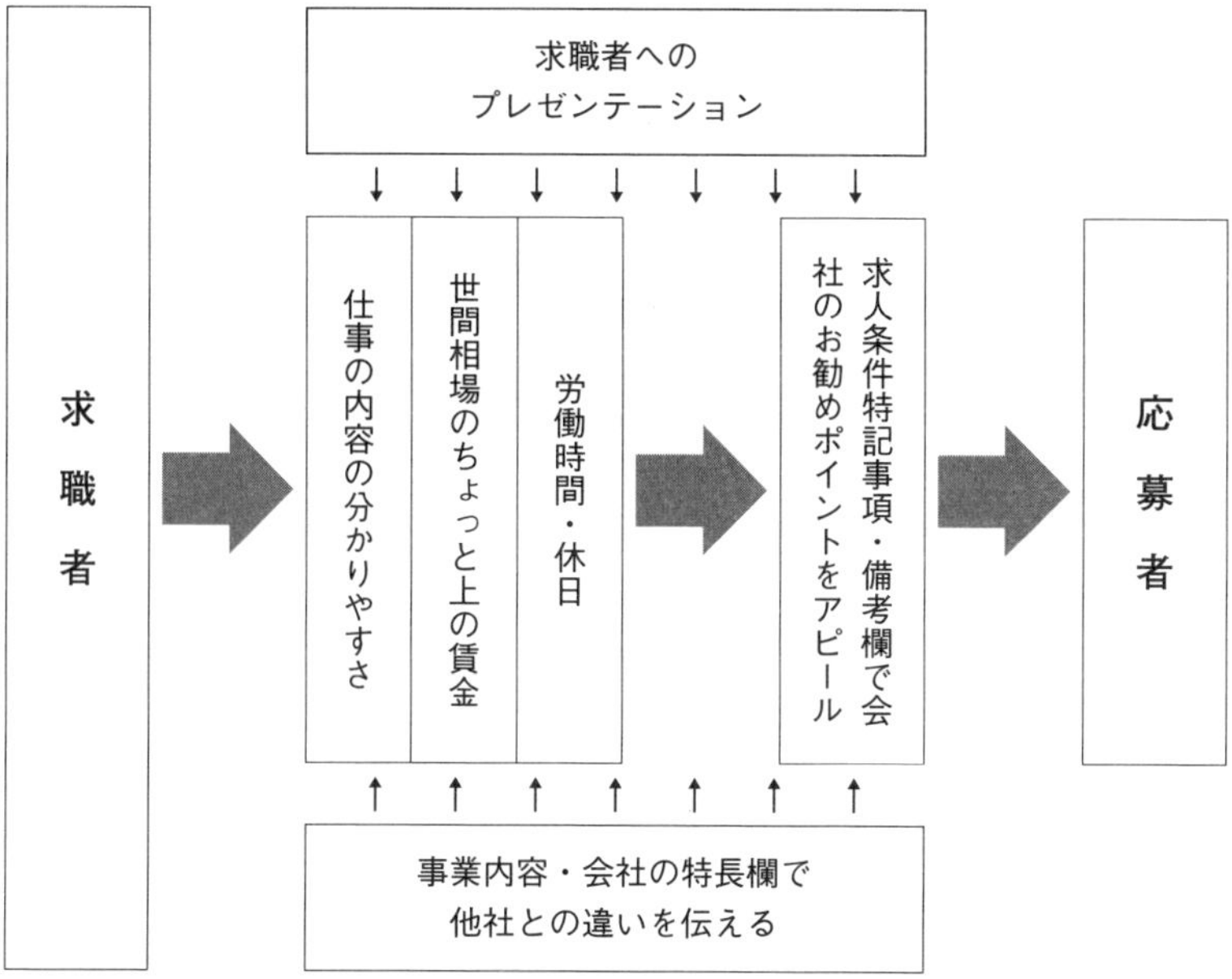

で応募者層が一定の範囲に絞り込まれるので採用に失敗しにくい。

なお、本章以降の具体的な募集・採用手順については、厚生労働省の事業主啓発用パンフレット「公正な採用選考をめざして」に則って行うことが必要だ。

まず、求職者が気にするのは仕事の内容だ。素人にも分かるよう具体的に記載することが重要である。当然、求人票の中でもこの欄のスペースが一番大きい。

次に、賃金だが、仕事の内容と並んで求職者の関心が高い項目だ。当然、良い条件に良い人が集まりやすく、世間相場のちょっと上に設定することが応募者を増やす大きな要素である。

また、今は働きやすさが重視されているが、具体的には休みやすさだ。学校の頃から週休2日で育ってきた世代にとって、労働時間・休日は求人における生命線とも言える。

そして、求人票にある、求人する側が自由に記載できる欄こそ、他社の求人票と最も差別化しやすい部分だ。ここで、賃金などの労働条件以外の魅力をいかにアピールできるかがカギとなる。

さらに、応募条件・選考手順などは、会社の魅力というよりもトラブル防止の点からもハッキリと明示することが必要だ（図表9）。

1 求職者が「これだっ！」とひざを打つ求人票

求人票で大体の応募者層は決まる。そこで、ハローワーク求人票のしくみを理解し、求職者の関心ごとを求人票に反映させ、求職者が「これだっ！」とひざを打つ求人票の作成方法を提案していく。中途採用においては、ハローワーク求人が根強い人気だが、仮に求人情報誌など他の媒体を利用する場合にも、この求人票作成の考え方がベースになる。

1 求人票で応募者層は決まる

求人票というのは、「こんな人がほしいんですよ」という採用方針を示して行う応募のお誘いだ。良いお店の客層が良いのと同じで、求人票もその内容如何《いかん》により応募者の層が決まってしまう。会社が採用基準を持っているのと同じで、求職者もどの会社へ応募するかの基準を持っている。だから、良い求職者の目に留まるよう会社の魅力を余すことなく記載することが必要なのだ。

◆求人票は応募のお誘い

採用手順を小難しく言えば、求人が応募を誘う会社からの誘引《ゆういん》、応募は求職者から雇用契約の申し込み、内定が申し込みに対して会社の承諾ということになる。

したがって、求人票というのは、こんな条件でこんな仕事がありますが申し込みしませんかという、採用したい会社からのお誘いだ。お誘いだから当然、求人票にはそれなりの魅力が必要だが、求人内容が実態とかけ離れていると応募され面接しても、面接後や内定後に選考辞退されてしまう（図表３・Ｐ21）。それを避けるためにも求人段階から積極的な情報公開が必要であり、内定や採用した後になって、「本当はこういう条件です」などという後出しじゃんけんはＮＧだ。

◆良い求人票に良い応募者が集まる

飲食店では、その雰囲気（店格）により、自ずと客層が決まる。

求人票もその内容次第で、規模に関係なく客層ならぬ応募者層が決まってくるものだ。「まったくハローワークの紹介じゃ、ろくな人は応募して来ない」とよく聞く。確かに、そのような傾向もあるのかもしれない。しかし、少々厳しい言い方をすれば、自社の求人内容に見合ったレベルの人が応募して来ているだけとも言える。

真面目な求職者は真面目な求人票を好むし、そうでもない求職者はそうでもない求人票を好む。そういう意味で応募者は会社の鏡とも言える。

◆会社の魅力を余すことなく記載する

求人について労働条件は良いに越したことはない。しかし、中小企業には限界があるだろうし、大手に正面切って対抗しようと思っても厳しいものがある。

その点、仕事の内容や会社の特長などについては、制約されているもの以外は記載が自由だから、工夫次第で他社と差別化しやすい。私は仕事柄、よく求人票を拝見するが、自由に記載できるスペースが活用されていないことは、実にもったいないことだと感じる。規模は小さくとも魅力的な会社はいくらでもあるし、その魅力を求人票に余すことなく記載すれば良い。

2 ハローワーク求人票のしくみ

ハローワークで公開される求人票は、会社から提出される事業所登録シート、事業所地図登録シート、求人申込書により作成され公開される。文字数の制限はあるものの、工夫次第では他社との差別化を図ることも十分可能だ。ただし、ハローワークの紹介は一般にいう紹介とは少々意味合いが違うことを承知しておく。

◆求人はこうやって依頼する

ハローワークに出向き、事業所登録シート、事業所地図登録シート、求人申込書に必要事項を記入して依頼する。事業所登録シートというのは、事業所名、住所などを記載し、変更がなければ最初に1回提出すれば良い。事業所地図登録シートというのは事業所の住所や地図を記載して登録するが、これも変更がなければ最初の1回で済む。求人申込書というのは、仕事の内容や労働条件など求人の都度提出する。求人申込書以外は、最初に1回提出すれば済むため、会社から変更の申し出をしない限り情報が変更されないので、古い情報のまま公開されていることがあるので注意が必要だ。

また、会社の外観や職場風景、会社パンフレットなどの画像情報も登録することができ、求人情報として公開可能となっている。

◆求人票の有効期限は最長3カ月

求人票の有効期限は、申し込まれた求人票をハローワークが受理した日の月を含む3カ月だ。だから、3カ月というのは最長であり、実際にはそれよりも短い。例えば、4月1日受理だと6月30日、5月15日受理だと7月31日、そして6月30日受理だと8月31日となる。

もちろん、この有効期限内に採用できれば問題ないが、そうでない場合、ハローワークは自動更新してくれないので、更新手続きが必要だ。逆に、採用が決定した場合は有効期限内であっても、求人を取り消しておかないと、それを見て応募しようとする求職者に対して会社の印象を悪くする。

◆求人票には大きく3つのゾーンがある

求人票（図表10）はA４横サイズで、求人条件がぎっしりと盛り込まれる。一見ごちゃごちゃしているが、これを左側、真ん中、そして右側の3つに分けてみると求人票のポイントが理解しやすい。

まず左側のゾーンには、事業所名や所在地、仕事の内容などが記載される。真ん中のゾーンは賃金、就業時間・休日などだ。そして、右側のゾーンには、事業内容や会社の特長などが記載される。

就業時間・休日などは記載欄の形式が決まっているのでそれに従うしかないが、仕事の内容などは自由に記載できるので工夫の余地は大きい。

図表10　ハローワークで公開される求人票

求人番号　13010-　232701　　　受付年月日 平成23年1月20日　　　紹介期限日 平成23年3月31日　　　事業所番号　1301-911127-0

求人票（フルタイム）

1　求人事業所名

事業所名	カブシキガイシャ ハローワークショウジ 株式会社　ハローワーク商事
所在地	〒999-9999 ○○県◇◇市△△区☆☆町一丁目２３－４ ハロービル３階
ホームページ	http://www.hello-ws.xxx
Eメール	saiyo@hello-ws.xxx
就業場所	事業所所在地に同じ　転勤の可能性 なし （　　）下車徒歩（　　）分

2　仕事の内容等

職種	一般事務
仕事の内容	総務課にて、給与、社会保険関係を中心とした事務を担当していただきます。 （主な担当業務） ・給与計算・勤怠管理・社会保険関係の書類作成・事務用品の管理・データ入力・来客対応 パソコンはワード、エクセルの他、専用ソフトを使用します。専用ソフトの使用方法は指導します。 ❶
雇用形態	正社員　　雇用期間　雇用期間の定めなし
学歴（履修科目）	不問
必要な経験等	不問 パソコン操作（ワード、エクセルを使って定型フォームへの入力ができること）
必要な免許・資格	普通自動車免許（ＡＴ限定可）
年齢	59歳以下 年齢制限の理由　定年年齢が６０歳のため （省令１号）

3　労働条件等

賃金（税込）	a＋b　188,000円～　240,000円 a 基本給（月額換算・月平均労働日数　20.1 日）　170,000 円 ～ 210,000 円 b 定期的に支払われる手当 職務 手当 10,000円～ 10,000円 住宅 手当 8,000円～ 20,000円 手当 円～ 円 手当 円～ 円 c その他の手当等付記事項 扶養手当 ❷
賃金形態	日給月給　円～　円 その他の場合
賃金締切日	末日　　賃金支払日　毎月 25日（当月払い）
通勤手当	実費（上限あり）　マイカー通勤 可 毎月 35,000円まで
昇給（実績）	あり（ベースアップ込みの前年度実績 月あたり） 0円～ 5,000円／月　又は　%～　%
賞与（実績）	あり（前年度実績） 年２回 計 2.00月分　又は　万円～　万円
加入保険等	雇用　労災　~~公災~~　健康　厚生　~~財形~~　厚生年金基金 ~~退職金共済~~　退職金制度 あり（勤続 5年以上）
就業時間	(1) 09:00 ～ 18:00 (2) ～ (3) ～ 又は　～　の間の　時間 時間外 あり　月平均　5時間　休憩時間 60分 就業時間に関する特記事項 月末前後は残業になることが多いです。 ❸
休日等	休日　土日祝 週休二日制　毎 週 ６ヶ月経過後の年次有給休暇日数　10日 その他の場合 年末年始休暇（12／30～1／4） ❹
求人条件特記事項	・官庁等への書類提出などの手続のため、社用車（軽自動車ＡＴ）を使います。 ・パソコン操作は入力効率を重視します。面接時、入力テストを行います。（パソコン検定３級程度） ・夏季休暇は有給休暇を充てています。（３日間の計画的付与） ❺

就業地住所　千葉県千葉市美浜区
職業分類　255-10
産業分類　522　食料・飲料卸売業

4　会社の情報

従業員数	企業全体 450人 就業場所 50人 （うち女性 25人） （うちパート 3人）
創業	昭和 58 年
資本金	3,000万円
労働組合	あり
事業内容	和食中心のお惣菜を販売するデリカショップ「△△△」を関東地区の百貨店、ショッピングセンターに出店しています。（３０店舗）また、○○県☆☆市に食品加工工場があります。 ❼
会社の特長	当社の商品は幅広い年齢層の方に支持され、今年も３店舗を新規出店しました。入社時には当社独自の教育研修プログラムを全員が受講、安全安心の食品衛生と接客で高い評価をいただいております。 ❽
定年制	あり　一律 60歳　勤務延長 なし　再雇用 あり　65歳まで
入居可能住宅	~~単身用 あり~~ ~~世帯用 あり~~
利用可能託児施設	なし
育児休業取得実績	あり　介護休業取得実績 あり　看護休暇取得実績 あり
年間休日数	124 日　就業規則 あり

5　選考等

採用人数	通勤 1人
選考方法	面接 ~~書類選考~~ ~~筆記試験~~ パソコンの入力テスト
日時	随時
応募書類	ﾊﾛｰﾜｰｸ紹介状 ~~ジョブ・カード~~ 職務経歴書 履歴書（写真貼付） 職歴なし→自己ＰＲ書 選考後は返却
選考結果	7日後 通知方法 郵送
試用期間	あり　労働条件 3ヶ月・職務手当なし 変更あり

総務課は課長含めて５人、様々な仕事を担当しています。課内だけでなく、本社及び各店舗とコミュニケーションをとりながらの仕事となります。 ❻

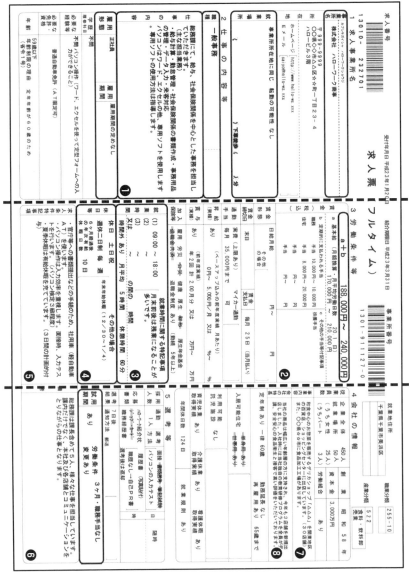

◆ハローワークの紹介は太鼓判を押されているわけではない

一般的に「紹介」といえば、紹介する人が紹介される人のことを十分承知したうえで、この人なら大丈夫という太鼓判を押してのことだ。だから、よほどのことがないと、なかなか人を紹介するのは難しい。何事もなくうまく行って当たり前、少しでもおかしいと「何でこんな人を紹介したんだ」なんてことになる。

しかし、ハローワークの紹介というのは少々意味合いが違う。形式的な応募条件を満たした求職者を「紹介」するわけで、それ以上のことを公共サービス機関であるハローワークに求めるのは酷である。

だから「ハローワークの紹介だから大丈夫」という先入観はキッパリと捨てるべきだ。

3　求職者は求人票のどこに関心があるのか

山形労働局が２０１７年12月、就職活動のために県内のハローワークを利用している方を対象に実施した「就職活動に関するアンケート」（男女１，６７０人回答）の結果は**図表11**のようになっている。全国調査ではないので若干の地域差はあるにしても、ハローワークで就職活動中の求職者を対象としているので、その関心ごとの傾向は把握できるし、求人票作成の際、大いに役立つ。

◆応募するに当たり重視する求人票の項目は？（３つまで選択可）

この問に対する回答は①仕事の内容８７４人（18・４％）、②就業場所７３０人（15・４％）、③賃金４９３人（10・４％）、休日等４８８人（10・３％）の順となっている。ただし、②の就業場所についてはそう簡単にどうすることもできないので、実際には仕事の内容、賃金、休日等を会社として検討し、改善すべきは改

図表11 求職者は求人条件の何が知りたいのか

●応募するに当たり重要視する求人票の項目は？

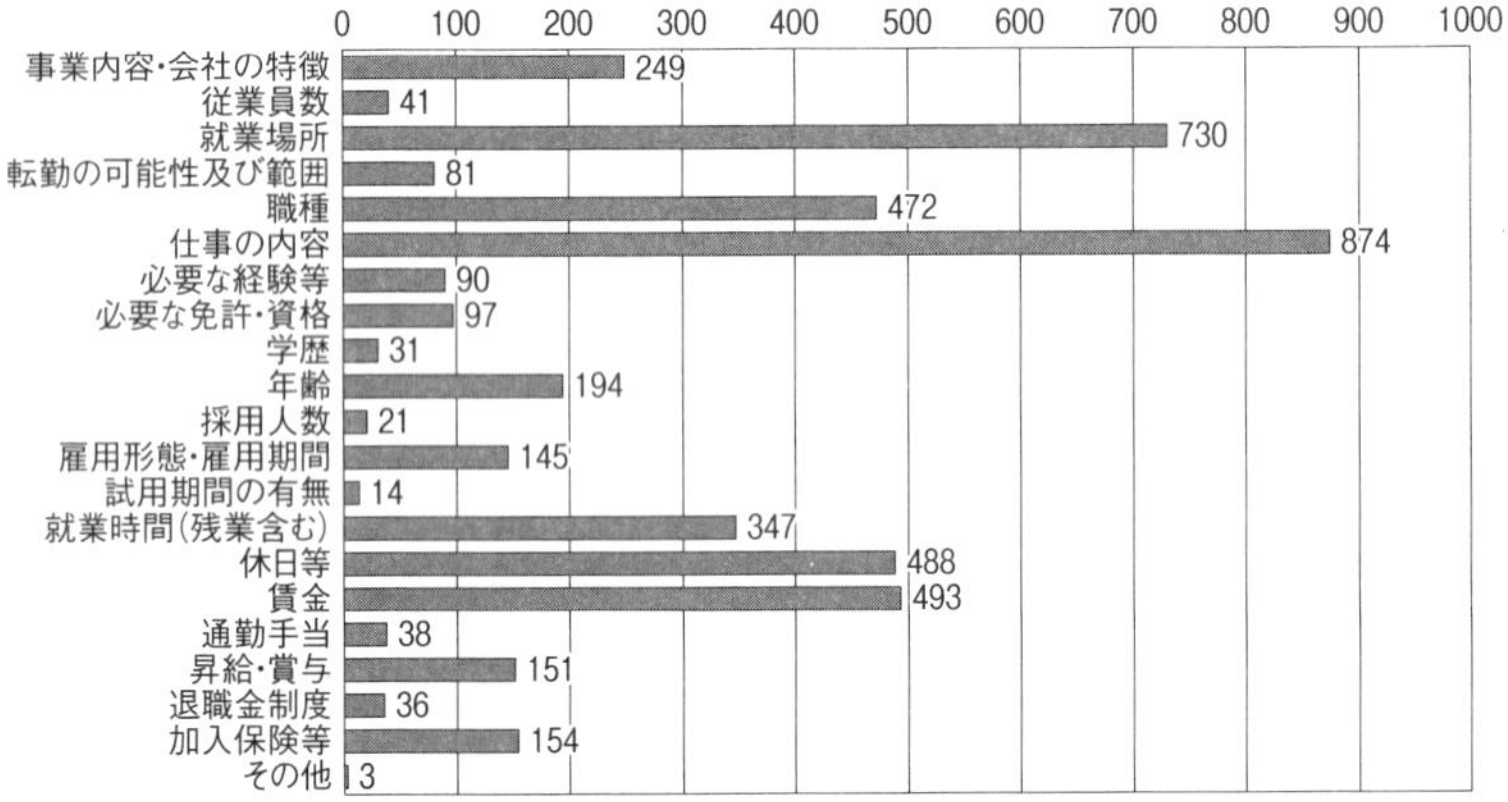

●求人票の「仕事の内容」欄に詳しく記載してほしい内容は？

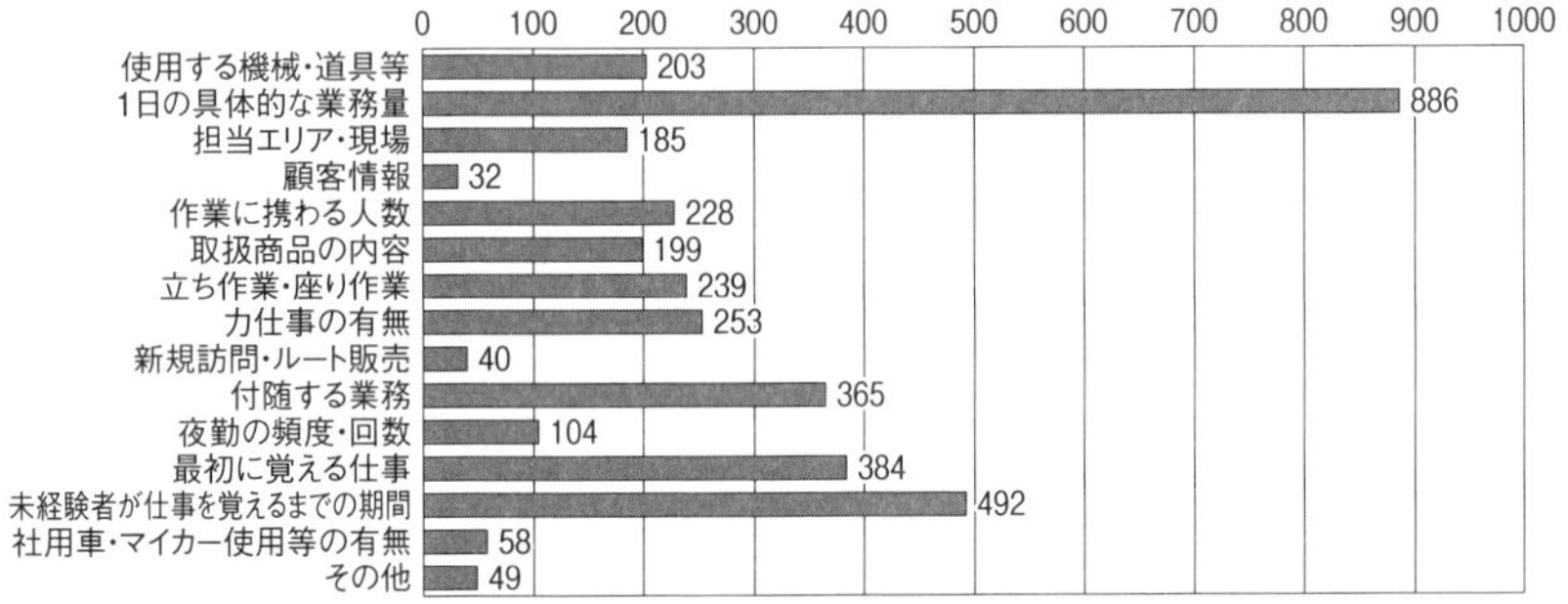

●労働条件以外で知りたい内容は？

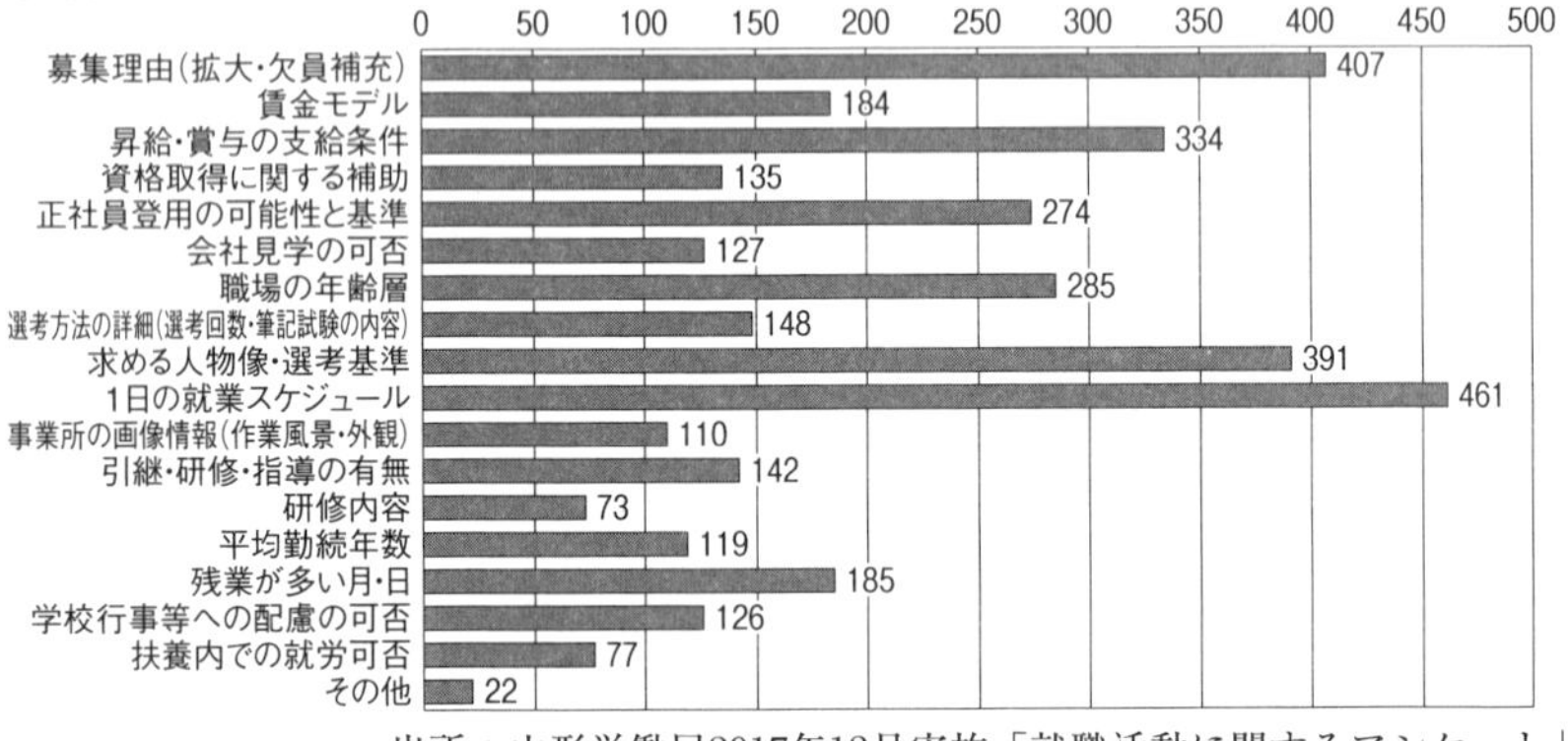

出所：山形労働局2017年12月実施「就職活動に関するアンケート」

Ｑ＆Ａ　インターネットで求人票を公開するにはどうすれば良いのか？

　ハローワークで求人の申し込みをする際に、４つのパターンから公開・非公開を選択することができる。なお、ハローワークはハローワーク以外の他求人サイトでの求人情報の転載を認めているので、インターネット公開を希望した場合は、そのようなサイトでも公開されることになる。

①求人事業所の名称等を含む求人情報を提供
②ハローワークに求職申し込み済の者に限定して求人事業所の名称等を含む求人情報を提供
③求人事業所の名称等を含まない求人情報を提供
④求人情報を提供しない

善することとなる。

　求職者としては何をすれば、どれだけの賃金がもらえて、休みはどれくらいあるかを重視しているようだが、そもそも雇用契約というのはそのようなものである。

◆求人票の「仕事の内容」欄に詳しく書いてほしい内容は？（３つまで選択可）

　回答は①１日の具体的な業務量８８６人（23・８％）、②未経験者が仕事を覚えるまでの期間４９２人（13・２％）、③最初に覚える仕事３８４人（10・３％）、④付随する業務３６５人（９・８％）の順で挙げられている。求職者としては、どんな仕事をどれくらい、どのくらいの訓練期間を経てできれば良いのかということを気にしていると思われる。

　また、付随する業務というのは都合の良い言葉だが、求職者からみれば、ここの部分についての情報が少ないと入社後に何をさせられるか分からない、ブラックボックスのようなイメージがあるのかもしれない。

◆労働条件以外で知りたい内容は？（３つまで選択可）

　回答は①１日の就業スケジュール４６１人（12・８％）、②募集理由（拡大・欠員）４０７人（11・３％）、③昇給・賞与の支給条件３３４人（９・３％）のような順だ。１日の就業スケジュールというのは、始業・終業時刻ではなく、出勤したらまず何をして、次に何をするという業務日報のようなイメージだと思う。

また、募集理由についても、事業や業務の拡大による増員なのか欠員による補充採用なのかは気になるところかもしれない。昇給・賞与についても、いつから支給の対象になるかは、口に出しては聞きにくいものの、応募の際には気になるものだ。

2 仕事の内容は素人にも分かるように記載する

「仕事の内容」欄は、求人票・左側のゾーン中ほど（図表10-❶・P54）にあり、297文字以内であれば自由に記載することができる。前掲の「就職活動に関するアンケート」（図表11）にもあるように、求職者にとっては大きな関心ごとであり、求人の成否を分ける大きなポイントだ。

1 「仕事の内容」欄の充実で採用力アップ

仕事内容がしっかり記載されているほど採用につながっている傾向がある。具体的にどのような作業をするか、業務上注意すべき点はあるのかなど、応募を検討する求職者が、この求人票を見てイメージが膨らむ内容かどうかが採用につながるポイントだ。

◆「仕事の内容」欄に比例する充足率

ハローワーク南魚沼（新潟県）が、2012年に正社員求人を対象に、「仕事の内容」欄と採用の関連についてデータを集計したものがある。確かに、地方の一ハローワークにおけるデータではあるが、後述する独立行政法人　労働政策研究・研修機構の調査研究においても、求職者が仕事の内容に関心を示していることが検証されている。

まず、「仕事の内容」欄のボリュームと充足率の関係では、1行以下（1行＝21文字）で23・9％、2～3行で31・7％、4～6行で43・9％になっている（図表12）。充足率というのは、第1章で取り上げたように、ハローワークの求人・紹介による求人数に対してどれだけ採用できているかの指標だ。

サービス業については他の職種と比較して、特に「仕事の内容」欄が重要になる。先ほどと同じく「仕事の内容」欄のボリュームと充足率の関係では、1行以下で0％、2～3行で36・4％、4～6行で27・3％だ。サービス業というのは仕事が多岐にわたり、求職者から見て仕事の内容が分かりにくいのかもしれない。

◆求人票でよく見られているのは「仕事の内容」欄

2012年3月に独立行政法人労働政策研究・研修機構が「中小企業における人材の採用と定着」という研究報告書を発表した。この中に、アイトラッキング（視線計測）を用いて、求職者等がハローワーク求人票のどこを、どのように、どれくらいの時間見るか、などを科学的に分析したものがある。これによれば、男性・女性ともに注視時間が最も長かった項目は「仕事の内容」だった（図表13）。

また、東京都産業労働局が2016年3月に発行した「中小企業の緊急人材確保支援事業　取組事例集～ほしい人材が採れる企業とは～」の中に、ハローワークの紹介担当者が次のようなコメントをしている。「求人票で伝えられる情報はたくさんあるが、求職者は、まず具体的にどんな仕事をするのか『仕事の内容』欄

図表12　求人票「仕事の内容」欄のボリュームと充足率

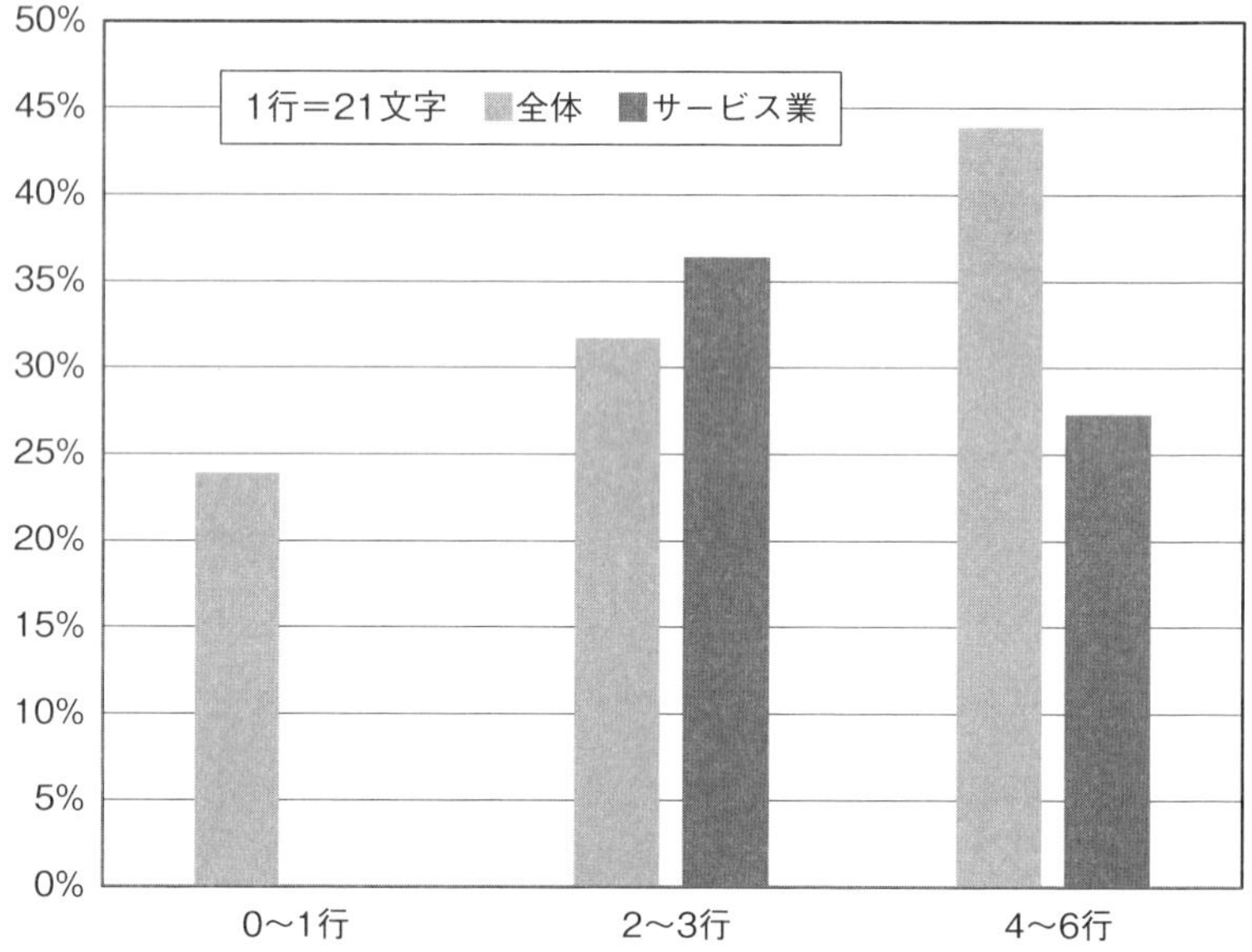

出所：2012年　ハローワーク南魚沼のデータをもとに筆者作成

に注目している。記載の鉄則は、誰が見てもわかりやすいこと」。

◆実務上も効果てきめん

先述したように、「仕事の内容」欄が求職者の応募行動に重要な役割を果たしていることが、ハローワーク南魚沼などのデータや、紹介担当者のコメントからも読み取れる。この点については、実務上も同じような傾向だ。筆者は顧客である求人企業に「仕事の内容」欄の充実をアドバイスしているが、その効果はてきめんであり、次のようなコメントをいただいている。

「最近ハローワークに事務のパートさんの求人を出してみたが、なんと応募がゼロだった。これはマズいと、だまされたつもりで仕事内容の記載を変更してみたところ、わずか4日間で6人の応募があった」（F社労士事務所）。「ハローワークに出す仕事の内容の見直しをしました。それまではまさしく〝スカ

図表13　求人票の項目　男性と女性の注視時間（上位10項目を抜粋）

	男性				女性		
	求人票の項目	合計注視時間（秒）	割合（%）		求人票の項目	合計注視時間（秒）	割合（%）
1	仕事の内容	326.72	17.12	1	仕事の内容	397.30	18.89
2	就業時間	149.12	7.81	2	就業時間	211.69	10.07
3	就業場所	110.25	5.78	3	就業場所	146.40	6.96
4	休日等	98.04	5.14	4	休日等	117.86	5.60
5	所在地	87.71	4.60	5	所在地	94.12	4.48
6	手当	72.08	3.78	6	事業所名	91.53	4.35
7	事業所名	71.63	3.75	7	職種	86.42	4.11
8	職種	68.42	3.58	8	手当	72.85	3.46
9	雇用形態・雇用期間	51.23	2.68	9	基本給	57.88	2.75
10	試用期間	49.82	2.61	10	雇用形態・雇用期間	54.41	2.59

出所：独立行政法人労働政策研究・研修機構「中小企業における人材の採用と定着」一部筆者加筆修正

スカ求人票〟で、これでは応募しようという気にはならないなと改めて実感しました。求人票を隙間なく埋めただけで応募者がちらほら増えてきました」（T衣料品量販店）。

２　どんな仕事をしてもらうのか

雇用関係は、決められた仕事をしていただき、その対価として賃金を支払う契約であり、仕事の内容はとても重要だ。特に、真面目な人ほど完璧を求めたがるので、応募に当たり自分にできる仕事なのかどうかを見極める材料にする。記載の鉄則は、素人が見ても分かりやすいことだ（文例1）。

◆実際に仕事を頼むイメージで記載する

同じ業種でも、仕事は会社によってやり方が違うので、仕事の内容は素人にも分かるように、できるだけ具体的に記載する。具体的にとは、採用した人に仕事を頼む際のイメージで記載すると分かりやすい。「これを明日中にしておいてください」の〝これ〟だ。この単位まで細かいと仕

文例１　「仕事の内容」欄の記載例

●一般事務のケース

庶務・経理・労務の事務をお願いします。この仕事は○人体制（男性○人、女性○人）で行っています。パソコンを使いますから、検定３級程度のワード・エクセルができることが必要です。コツコツと前向きに取り組んでいただければ、親切丁寧に指導しますから経験は不要です。また、基礎をしっかり覚えていただければ年齢に関係なく長くできる仕事です。具体的な仕事内容は次のようなものです。

１）庶務関係事務：電話対応、接客準備（お茶出しなど）、室内清掃など
２）経理関係事務：伝票整理（月間○枚程度）、振り込みなど銀行対応
３）労務関係事務：社会保険、雇用保険に関わる事務、賃金計算（約○人）など

（283文字）

●営業員のケース

当社の取り扱うコピー機、パソコンなどOA機器の企業向け営業です。県内を中心とした得意先への商品紹介のほか、新規顧客の開拓、企画書作成、売上伝票の整理などの業務です。社有車の軽ワゴン車（AT車）を使用します。業務に使用する携帯電話、タブレット端末は会社から貸与します。入社後６カ月間は先輩社員との同行営業が中心になりますし、メーカーの商品・技術研修にも定期的に参加してもらいますので、入社時にはOA機器に関する専門知識は不要です。ノルマはありませんが、入社１年後からは成績が賞与や昇給に考慮されます。県内に３つの営業所があり、入社１年後からは異動もあります。（278文字）

●製造作業員のケース

当社は、自動車部品の製造を行う会社です。主に○○製のドアミラーやルームミラーなどを作る部品メーカーです。自動化の進んだ機械の操作や部品の組み立てが中心なので、体力的負担は少ないです。また、世界水準の「モノづくり」に関わる仕事ですが、未経験者であっても、先輩社員が分かりやすいマニュアルと実地により、１から丁寧に指導しますから３カ月も経験すれば経験者同様に作業ができるようになります。１グループ約15名の製造ラインに入ってもらいますが、多能工化教育によりある程度１人で完成まで携わることが可能で「モノづくり」の充実感が味わえます。当社では、ほとんどの従業員は未経験からのスタートです。（291文字）

●警備員のケース

主には交通誘導警備やイベントの警備業務です。主な顧客は大手や地元中堅ゼネコン、各種団体です。交通誘導警備は主に道路工事現場において、２人一組で、誘導灯を使って往来の自動車や歩行者の安全を守ります。制服・制帽は貸与します。また現場往復用の社有車（軽乗用車・AT車）も使えます。イベント警備は地域で開催される花火大会など各種イベント会場において、お客さんがスムーズに安全に移動できるよう適切な誘導を行います。いずれの業務も警備業法に基づき行われますので、コンプライアンスを第一として業務に取り組んでいます。なお、当社は一度退職された方の復職が多いのも特色です。（278文字）

事のイメージがつかみやすくなるし、求職者の疑問やとまどいが軽減され応募が増える。

逆にこのあたりがアバウトだと、真面目な求職者は不信感を持ち警戒するものだ。また、「仕事の内容が違った」と選考が進んだ段階で辞退されたり、採用後早々に退職されてしまうことになりかねない。

◆業務量、業務体制

例えば病院関係であれば1日の平均外来者数、病床数、それを何人体制でやっているのか。夜勤があるのか、あるとすれば月に何回程度なのか。営業であれば、販売する商品は何なのか、訪問先はルートなのか新規開拓があるのか、ノルマはあるのかどうか。また、事務系であればどんなパソコンソフトを使うのか、データ入力は1日（月間）どの程度なのか、何人体制でやるのか、というような視点から具体的に記載する。

業務量なり業務体制は、数字を入れるとより具体的になりやすい。

こうすることで、会社が求めているのは「どんな仕事ができる人」なのかが、より明確になる。

◆付随業務もできるだけ具体的に

仕事には決められたもの以外に、いわゆる付随業務というものがある。特に、中小企業では1人何役かの仕事をしてもらうこともめずらしくないので、付随業務というより本来業務かもしれないが。

例えば事務職で採用はしたものの、手が空いた時は工場で出荷作業を手伝うとか、現場に資材を届けてもらうとかいう場合もある。このようなことは、長年勤務し経験を積んでいれば、言われずとも動いてくれるだろうが、入社早々だと違和感を持たれやすい。そしてこのような違和感は、何かトラブルが起きた際に、「そもそもこんな契約じゃなかった」などと雇用関係の根本が否定されてしまう。

だから、想定される付随業務もできるだけ具体的に記載しておく。

3 キャリアアップの目安も盛り込む

「仕事の内容」欄にボリュームを持たせる場合に、採用後のキャリアアップの流れで仕事内容を記載するのもひとつの手だ。採用後のキャリアアップの道筋を示すことは、求職者の不安を取り除く点からも重要である。その際のポイントは、採用時に求めるレベル、採用直後に身につけてほしいレベル、そして将来的に期待するレベルを混同せずに示すことだ。

◆応募時点で求めるレベル

真面目な求職者ほど「自分にこの仕事はできるのか、入社して迷惑をかけないだろうか」などと応募に慎重なものだ。だから、応募時点で最低限必要なレベルを示しておく。

例えば「未経験者でも大丈夫です」とあれば応募者の範囲は広がる。基礎学力が一定以上あれば、未経験者でもそれなりに伸び代はあるし、入社早々そう難しい仕事をさせることはないはずだ。中途半端な経験は、かえってないほうが良い場合も多い。中途半端な経験というのは、一般的にまっとうではないので、それを矯正したうえで、あらためて仕事を教えなくてはならず二度手間になるからだ。

だから、「未経験者でも大丈夫です」という記載で、経験がないために応募をためらっている真面目な求職者の背中を押してやるのもひとつの手だ。

◆3カ月後、半年後に求めるレベル

もちろん、「未経験者でも大丈夫です」は応募時点での話であり、採用後はそれなりにレベルアップして

Q＆A 「総務部長」のような人を採用したいが仕事の内容欄はどのように記載したら良いか？

総務部長の仕事と一口に言っても範囲が広いし、見る人によって仕事の範囲やレベルなど解釈もさまざまだ。また、“名誉総務部長”さんのつもりで応募されても困る。だから、小さな会社だと経理なども含めて業務が多岐にわたるので、例えば次のような記載が考えられる。従業員の募集・採用事務・雇用管理、会社車両管理、建物の保全管理、銀行などとの渉外業務など、業務の具体的な範囲とレベルを記載する。また、採用しても“鳴かず飛ばず”ということもあり得るので採用時には「総務部長候補」くらいのが無難ではないだろうか。

もらわなくてはならない。

その際に、いつ頃までにこんなレベルになってほしいというのも盛り込むと良い。3カ月といえば一般的に多い試用期間満了時、半年後といえば年次有給休暇発生時だが、いずれにしても節目の時期であり、その時点に期待するレベルを簡単に示しておく。

仕事に必要な資格・免許なども応募時点にはなくても、いつ頃までに取得してほしいということを記載しておけば、応募の判断材料になる。

◆研修・指導体制

採用後のキャリアアップは本人の取り組み方にもよるが、その前提として会社の研修・指導体制も重要だ。中小企業において多くの場合は、社内で日常業務を通じての研修・指導ではないだろうか。そうであっても、3カ月後、半年後に求めるレベルが具体的に示してあると安心感が違う。

また、外部研修機関での研修予定があれば、具体的な研修名などが記載してあると信頼性がグンと高まる。さらに資格・免許取得が必要な場合は支援体制なども記載しておく。

中小企業は、外部から見えにくいためブラック企業に見られやすいが、研修・指導体制をキチンと示すことで、そのような見方を払拭する効果もある。

「仕事の内容」欄を充実させるようにアドバイスすると「そんなに書くことがない」と言われる会社が多い。しかし、研修・指導体制まで記載するとなれば、２９７文字では足りないくらいではないだろうか。

3 賃金は世間並みのちょっと上に設定する

「賃金」欄は求人票の真ん中のゾーン・一番上（図表10-❷・P54）にあり、仕事の内容同様、求職者が応募するかどうかを決める際に重要な項目である。もちろん、賃金は低いより高いほうが良いが、世間並みよりちょっと上に設定するのが良い人材に応募してもらうコツだ。

1 まずは賃金の相場を知る

求人条件である賃金額をいくらに設定するかだが、まずは世間相場を知る必要がある。その際に活用できるのが、役所の「賃金統計」、ハローワークの「賃金情報バランスシート」、そして求人サイトの情報だ。これらの情報と自社の支払い能力を勘案しながら決めることになる。

◆役所の賃金統計を活用する

厚生労働省が毎年集計し公表している「賃金構造基本統計調査」というのがある。これには、都道府県別・年齢別・性別・産業別などの平均賃金がエクセルデータで公表されており、インターネットで「賃金構造基本統計調査」と検索すれば誰でも無料で利用可能だ。

確かに、基本給と手当などが合計で集計してあったりして少々難はあるものの、それでもこれだけのサンプル数の多いデータは他には見当たらない。

また、都道府県ごとに時間額で最低賃金が定められているが、相場は一般的な仕事で大体、最低賃金額＋100円だから、月給の場合はこれに残業抜きの1カ月所定労働時間を掛ければひとつの目安となる。

◆ハローワークの賃金情報を活用する

各ハローワークが月ごとに集計・公表している「賃金情報バランスシート」というのがあるが、東京都の場合は、東京労働局のホームページ上で都内全ハローワークの情報が公開されている。

主な内容として、中途採用者の採用時賃金情報は、職種別・年代別に雇用保険被保険者資格取得届に記載された賃金額が集計されている。職種別賃金状況は、職種別に求人条件の上限賃金及び下限賃金、求職者希望の上限賃金及び下限賃金が、一般常用と常用パートに分けて集計されている。

ただし、男女別には集計されていない。

◆求人サイトを活用する

今、テレビCMでよく宣伝している求人情報専門のインディード（indeed）というのがあるが、誰でも利用でき検索は無料だ。企業の採用ウェブページなど、数千のウェブサイトを巡回して求人情報を収集しているといわれている。

インターネットで「インディード」と検索しページを開き、調べたい地域名と職種名を入力すると、その地域で出ている求人の初任給、基本給、残業時間、休日日数などが表示されるしくみだ。賃金は最低額から最高額までグラフで表示され、中心値が表示されるので相場がつかみやすい。

◆世間並みよりちょっと上がポイント

筆者は社会保険労務士を始める前に、建設会社に材料を販売する会社に勤めていたが、代金を全額現金で払ってくれるお客さんがあった。当時は全額手形、それも120日、150日先の決済が当たり前だったから超優良顧客である。そんな会社は競合他社にとっても超優良顧客だから取引希望の会社は多く、その会社には良い材料がどこよりも安く早く入っていた。もちろん、今でも地元では超優良企業である。

労働条件も同じことで、とりわけ賃金は雇用関係の本丸だから、自分の労働時間をいくらかでも高く買ってくれる会社に応募しようと思うのは当然だ。だから、世間相場より1割でも高いと良い人が集まりやすく、ここが賃金額設定のポイントである。

2 賃金額は定額表示にするとお互いにメリットがある

賃金の表示は「基本給18万円～25万円」と幅を持たせるより、「基本給20万円～20万円」のように定額表示にしたほうが良い。会社の求める人材像が賃金額から明確になるし、求職者にしても、自分が入社した場合にもらえる賃金が明確になるので安心して応募しやすい。

◆求める人材像が明確になる

定額表示のメリットは、何といっても求める人材像が明確になることだ。

例えば「基本給20万円～20万円」と表示すれば、「会社は20万円の仕事をしてくれる人を募集しているんです」というメッセージを明確に発信できる。そうなると、18万円希望の人も25万円希望の人も応募して来ない。逆に、賃金の幅が大きいと、会社の主体性が薄れ〝あなた任せ〟の求人になりやすい。

確かに、求職者の経歴や能力により初任給を決めるべきだとは思う。しかし、1枚の履歴書や30分程度の面接だけで、内定時までに採用時の賃金を決めることは至難の業である。

もし、求人段階でどうしても基本給など賃金に差を設けたいのであれば、経験者と未経験者用、別々の求人票を出してはどうだろうか。しかし、経験というのはあくまで自己申告なので、結局は〝あなた任せ〟の求人になりやすい。

◆応募先を決めやすい

求職者にしても、応募する時点で賃金額が分かるので応募の判断がしやすい。つまり、自分が就職し、残業はしなくても、決められた日数と時間を働けばいくらもらえるかが分かるので安心して応募できる。

また、賃金には相場があるので、地元で仮に20万円の賃金であれば、大体どの程度の仕事をさせられるのか心づもりができるのだ。特に基本給は、賃金の顔ともいうべきものだから、これが極端に低いと真面目な求職者からは敬遠されるし、高過ぎても「どんな仕事をさせられるのだろう、うさんくさいな」と不安を招く。

さらに、「基本給15万円～30万円」など、賃金額の幅が大き過ぎると、単なる応募者集めの〝さくら〟的なイメージを持たれやすい。

◆誤解を防げる

仮に、賃金表示が「基本給18万円～25万円」だった場合、応募者は応募時、面接後にどう考えるだろうか。謙虚な人なら「自分は就職できるだけで幸せだから18万円で構わない」と考えるかもしれない。

しかし、中には「真ん中当たりの20万円くらいか」、ひょっとしたら「自分は経験者だから25万円」と考える人だっている。もちろん、面接時に「あなたの基本給は20万円です」とハッキリ伝えてあれば良いが、そうでなければ、最初の給料日までお互いに思い込み状態というか誤解が続く。

そして給料日に悲劇が訪れる。「はぁ!? こんなはずじゃなかった」と、真面目な人ほど早々に辞めてしまうが、こんな求人には何の意味もない。

3 固定残業代もうまく使えば効果がある

求人票の「賃金」欄に表示される額は高いほうが良いが、その際に使えるのが固定残業代だ。どうせ残業が想定されるのであれば、これを変動ではなく定額的に支払われる賃金にする。そして、その定額残業代を超える分は、変動賃金として残業代を別途支払う。もちろん、固定残業代が多過ぎると、残業の多い会社というイメージを持たれ敬遠されやすい。

◆固定残業代とは

固定残業代というのは、想定した一定時間分の時間外労働、休日労働及び深夜労働に対して定額で支払われる割増賃金のことだ。一般的には「みなし残業代」とも言われている。

実際の時間外労働時間等が、想定した一定時間分を超える時間については別途割増賃金として残業代の支払いが必要であるし、仮に想定した一定時間分に満たない場合でも固定残業代の減額はできないしくみだ。

一部でまことしやかに言われている「固定残業代を払っておけば、その後一切の割増賃金が不要」というのは合法的ではない。

Q＆A　知人の経営者から、基本給はできるだけ低くしないと賞与や退職金が大変だと聞いたが本当か？

そのようなことをよく聞くが、一概には言えない。確かに、「賞与（退職金）＝基本給×○カ月」という計算で支給するのであれば、基本給により支給額が決まる。しかし、そのために基本給を低くするのは“せこい”会社だと受け取られやすい。また、基本給は賃金の顔ともいうべき部分であり、これが低いというのは、求人面からすると大きなマイナスだ。だから、賞与（退職金）の支給を、どうしても「基本給×○カ月」にしたいのであれば、基本給に掛ける支給率で調整したほうがまっとうである。

◆賃金の見栄えが良くなる

合法的に支給される固定残業代は、求人票・賃金欄（図表10-❷・P54）の「a基本給」欄のすぐ下にある「b定期的に支払われる賃金」欄に記載することができる。そうすると、基本給と固定残業代を合計した額が賃金欄の一番上にある太枠の「a＋b」欄に記載される。仮に、毎月少なくとも5時間程度の時間外労働が想定されるのであれば、これを固定残業代として支払うのもひとつの手だ。

こうすることにより、「定期的に支払われる賃金」が固定残業代の分多くなり賃金の見栄えが多少は良くなる。ただし、固定残業代が多過ぎると「えっ、こんなに残業のある会社なの？」と、悪いイメージで見られやすい。

◆固定残業代を設ける場合はここに注意する

固定残業代を設ける場合は、求人票などに次のことを明示する必要がある。①固定残業代を除いた基本給の額、②固定残業代に関する労働時間数と金額等の計算方法、③固定残業時間を超える時間外労働、休日労働および深夜労働に対して割増賃金を追加で支払う旨、の3点だ。

例えば、賃金「cその他手当等付記事項」欄に、「固定残業手当は、時間外労働等の有無にかかわらず、5時間分を定額で支給し、超過分については別途支給する」と記載する。当然ながら、飲食店でよくある定額で飲み放題というサービスとは根本的に違うので注意が必要だ。

◆働き方改革の一助にも

「働き方改革関連法」が成立し、これから本格的な取り組みが必要になる。その中で、時間外労働の上限規制など時間外労働の削減は急務となるが、固定残業代もその一助となりやすい。

仮に、5時間分の固定残業代が残業をしてもしなくても払われるとすれば、3時間の残業で納めることも可能かもしれない。つまり、同じ業務量であれば、より短い時間で終了するという意識が社内に醸成されやすくなるのではないだろうか。多くの場合、一定の残業代は生活給となっており、それを保障しながら労働時間を短縮していく必要がある。

このような取り組みが、結果として時間外も含めた総労働時間の短縮につながれば大いに結構なことだ。

4 労働時間・休日で働きやすさを伝える

「就業時間」、「休日等」欄は、求人票の真ん中のゾーン・真ん中よりちょっと下（図表10-❸・❹・P54）にある。就業時間・休日がすべてではないが、この2つが働きやすさの大きなポイントであることは間違いない。

確かに法律上、週40時間制の一部例外が認められ、週44時間の会社もある。しかし、求職者から選んでもらう求人票の観点からは、できれば就業時間・休日を週40時間制へ対応すべきだ。

1　今どきの労働時間・休日は

昔なら1日8時間で週休1日が当たり前だったが、今は週休2日制が当たり前になっている。何しろ学校週休２日制のもとで育ってきた世代が多数を占めるようになっている時代だ。統計上も8割強の企業で何らかの週休２日制が導入されている。

◆学校週休2日制で育ってきた世代

公立学校では平成7年度から第２・第４土曜日の隔週週休２日制、平成14年度から完全週休２日制が実施されている。２０１８年の今年、１９９５年に小学1年生だった人は30歳、２００２年に小学1年生だった人は23歳だ。

高校生のときまでに1年でも学校週休２日制を経験している人が今年はすでに40歳であり、これからその比率は増えることはあっても減ることはない。

確かに学校と会社は違うが、そのような学校週休２日制で育ってきた人たちにとって、週休２日制は当たり前という意識があることは認識しておく必要がある。良くも悪くも今はそんな時代だ。

◆平均の労働時間・年間休日数は

厚生労働省の「平成29年就労条件総合調査」によれば、残業時間を含まない所定労働時間の平均は、全規模・全業種（宿泊業、飲食サービス業を除く）において、1日8時間、1週40時間以下になっている。

また、主な週休制の形態をみると、「何らかの週休２日制」を採用している企業割合は87・2％だった。何

図表14　年間休日数の分布割合「全産業・全規模平均」

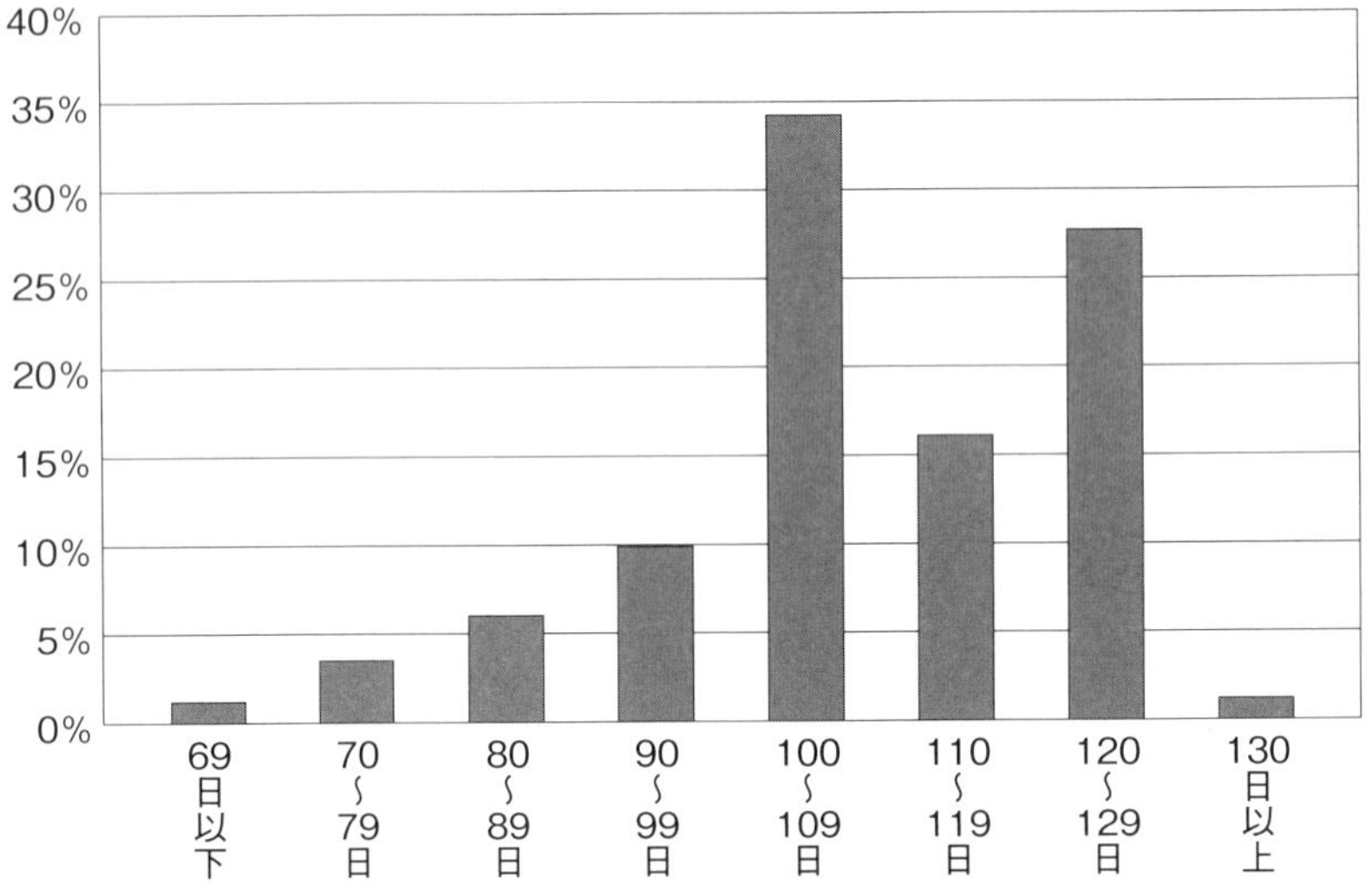

出所：厚生労働省「平成29年就労条件総合調査」

らかの週休2日制というのは、完全週休2日も含めて、月3回、隔週、月2回、月1回の週休2日制をいう。

そして、年間休日の1企業平均は108・3日である（図表14）。また、企業規模別では、30〜99人が107・2日、100〜299人が109・7日、300〜999人が113・3日だ。産業別では、建設業が104・7日、製造業が111・7日、情報通信業が121・1日、卸売業・小売業が106・3日、医療、福祉が110・8日などである。

2　「就業時間」欄のポイント

労働時間は工夫の余地が少ない項目ではあるが、求職者が気にする拘束時間はできるだけ短くしておく必要がある。また、入社後想定される残業などもハッキリと明示しておいたほうが、あとで「話が違う」とならないためにも重要だ。

◆工夫の余地は少ない

労働時間は法律で決められているので、他社と差別化するのは難しい。だから、労働時間については、他社と比べ見劣りして求人票をスルーされないように気をつけることが重要だ。

ところで、労働時間について、法律上は一部を除き1週間で40時間(1日の労働時間×1週間の労働日数)である。一部を除くというのは、従業員規模10人未満の保健衛生業等で認められている法律の特例で、1週間で44時間だ。しかし、これはあくまで法律上の特例であり、求人という観点から考えると少々厳しいのではないだろうか。

◆求職者が気にするのは拘束時間

仮に1日の労働時間が8時間であっても、①始業9時～終業18時で休憩1時間、②始業9時～終業19時で休憩2時間の場合、どちらに応募者が集まるだろうか。また、このような時間帯において残業が毎日どの程度あるのかは大きな関心ごとだ。

要は、会社に何時間拘束されるのか、何時に帰れるのかというのは働く上で大変重要な要素なのである。そして、就業時間帯も応募の際に影響を与えやすい。都市部と地方では若干違うだろうが、地方では始業9時～終業18時、その前後30分くらいというのが応募しやすい時間帯である。

◆「就業時間に関する特記事項」欄を活用する

「就業時間」欄(図表10-❸・P54)は始業・終業時間、休憩時間、残業見込み時間などが表示されるが、それ以外に「就業時間に関する特記事項」欄というのがあり、ここは求職者へ伝えたいことを補足できる。この欄は始業・終業時刻欄の右横にあるので目立ちやすい。

例えば、「残業はほとんどなく終業後すぐに帰れます」「月末前後は残業になることがあります」「勤務時間は相談に応じることができます」など。確かに、残業のことはあまり触れたくないところでもあるが、採用後に「話が違う」となることを防ぐために想定されることは記載しておくべきだ。

3 「休日等」欄のポイント

「就業時間」欄のすぐ下（図表10-❹・P54）に「休日等」欄がある。労働時間と並んで、むしろそれ以上に労働条件の中では重要な項目だ。また、求職者に働きやすさを伝えるには、やはりそれなりの休日数や休暇の設定が欠かせない。中小企業において休日の増加は大変なことだが、それをせずに人が集まらなければもっと大変なことになる。

◆魅力のある休日数を設定する

労働時間以上に関心が高いのが休日だ。1日の労働時間が少々短くても、休日数が少ないと魅力がない。前掲の調査にあるように、従業員規模30～99人でも年間の平均休日は107・2日である。

また、インターネットでハローワーク求人を休日数別に検索してみると、図表15のような結果が得られる。休日数が上位20％以内くらいに入っていないと他社と差別化できず、つまり競争力がなくインターネットで年間休日を条件に検索された場合、条件に満たない休日数だと求人票を見てもらうこともできない。

検索方法は［ハローワークインターネットサービス］↓［求人情報検索］↓［就業場所の都道府県］にチェック↓［労働条件等］↓［年間休日数］と進む。年間休日数に0日以上で検索し全体の求人数を確認し、その後105日くらいから5日刻みで休日数を入力検索し該当する求人数を確認する。

図表15　休日数の魅力度（競争力）

地域 / 休日数	東京都	上位（%）	福岡県	上位（%）	宮崎県	上位（%）
125日以上	8,454	13	1,896	6	486	6
120日以上	25,938	42	5,463	18	1,215	15
115日以上	30,730	49	7,009	24	1,501	19
110日以上	38,304	62	10,106	34	2,105	26
105日以上	54,082	87	19,409	66	4,646	59
全求人数	61,501	100	29,171	100	7,801	100

出所：ハローワークインターネットサービスデータに基づき筆者作成
（2018年５月３日現在）

ちなみに、年間休日数で上位20％以内に入るには、筆者の住む宮崎県であれば１１５日で何とかなるが、東京都では１２５日以上、福岡県では１２０日以上必要だ。

◆休日と休暇は分けて考える

休日と似たようなものに休暇がある。休日というのは会社が決めた休みであり、休暇というのは本人が希望した休みだ。ここでいう代表的な休暇は年次有給休暇である。６カ月勤務すると10日、その後は１年ごとに増えていき、６年半で20日まで増えるしくみだ。

休日は法律と世間相場もあり、あまり他社と差別化はできないが年次有給休暇には多少の余地はある。法律上は採用後６カ月後に10日だが、これを入社時に即10日与えてはどうだろうか。他の条件で他社との差別化ができていない場合はちょっとした売りになる。

◆年次有給休暇を５日以上取得させることの義務化

『働き方改革』の一環として、２０１９年４月から年次有給休暇を５日以上取得させることが会社の義務となる。従来は、取得できる日数を付与するだけで良かったが、今後は、10日以上付与される人に限り年間５日以上、実際に取得させることが必要だ。もちろん、すでに年間５日以上取得している人には影響はないが、仮に年間３日しか取得していない場合は、他に２日を指定して取得させなくて

Q＆A 毎週40時間というのは難しいが何か良い方法はないか？

変形労働時間制というのがある。

代表的なものに、1カ月単位の変形労働時間制と1年単位の変形労働時間制がある。前者は1カ月以内（多くの場合は1カ月）の期間における労働時間を1週間平均40時間以内にするもの。後者は、1年以内（多くの場合は、3カ月、6カ月、1年）の期間における労働時間を1週間平均40時間以内にするもの。両者とも、就業規則などに制度を規定し、対象となる期間の起算日など盛り込む必要があるなど、さまざまな制約がある。また、この制度は1週40時間労働制の例外措置であることから、キチンと説明し納得させないとトラブルになりやすい。


はならない。

「年間休日がこんなに多いのに、さらに年次有給休暇の義務化か」と思わないわけではないが、義務化された以上は前向きに捉える。また、このような制度変更は求職者としても敏感だから、キチンと対応しておかないと怪しい会社に見られやすい。

◆働きやすさは休みやすさ

「働きやすさ」というと抽象的だが、具体的には休みやすいかどうかということだ。確かに、休日を増やそうにも増やせない会社も多いと思う。だからといって、休日数が少ないまま求人をしたところで、応募者がグンと増える可能性は少ない。

求人票を見て、応募するかどうかの判断をするのは求職者なのだ。もし所定の休日以外に誕生日休暇などを設けていれば、「休日等」欄の右にある「その他の場合」欄に記載する。もちろん、このような休暇は、休日や年次有給休暇を規定どおり与えた上での話だ。

5 4つの自由記載欄で求人票の魅力をグンと高める

自由記載欄とは、「仕事の内容」欄のように、制限文字数以内であれば自由に記載できる欄だ。「仕事の内容」欄以外に4つあるが、ここを工夫することにより、求人票の魅力がグンと高まり他社と差別化できる。労働条件に大差がない場合、ここの記載内容が応募の決定打になりやすい。

4つの自由記載欄には、それぞれに文字数が決められているが、その配分は、求職者の関心の高さに比例しているはずだから、その部分を充実させることこそが応募者を増やすツボである。

① 「求人条件特記事項」欄

「求人条件特記事項」欄は求人票の真ん中のゾーン・一番下（図表10-❺・P54）の目につきやすいところにある。216文字まで自由に記載できる。多くの求人票はスカスカだが、この欄を使わない手はない。何しろ「仕事の内容」欄に次いで文字数が多いのである（文例2）。

◆求人条件の補足説明をする

求人票では、基本的に文字で求職者へ会社の求人条件を伝えることになる。もちろん、すべてを記載せずとも行間を読んでもらえば良いのだが、今どきそんな求職者はあまりいない。だから、求人条件についての

文例2　「求人条件特記事項」欄の記載例

- 賃金欄の「定額残業代5時間」は残業があってもなくても5時間分を支給しますし、5時間を超えた分は別途残業手当を支給します。
- 労災保険上乗せ保険に加入しています。
- 会社は○○郡○○町にありますが、○○市中心部から車で約20分です。会社敷地内に従業員用の駐車場があります。
- 面接予定は平成○○年○月○日、採用予定日は平成○○年○月○日ですが、多少の相談は可能です。
- 制服（夏・冬）は貸与しますので毎日の服装で悩まなくて済みます。また、制服着用での通勤可能です。
- 今回の求人は即戦力を求めるものではありません。3年間かけて丁寧に指導します。
- 採用時点での経験は問いませんが、採用後は○○資格の取得をお願いします。もちろん取得へ向けての支援は行います。
- 定年制はありません。元気であれば90歳でも勤務可能です。
- 残業は基本的にありません。終業ベルと同時に帰れます。

補足説明にこの欄を活用する。

また、仕事の内容についても「仕事の内容」欄には字数制限があり、より分かりやすく具体的に伝えようと思えばこの欄に記載したい。何しろ、求職者と会社が最初に出会うのは、このA4一枚の求人票だけなのである。

◆記載のポイントは

求職者は、自分が採用された後にどのような働き方をするのかに関心がある。研修制度はどうなのか、キャリアアップの目安は、人事制度は成果主義なのか年功主義なのか、どの程度の経験が必要なのかなどを求職者の視点に立って記載することがポイントだ。

当たり前のことであっても、キチンと記載してあると求職者にはキチンと伝わるものだ。もちろん良いことばかりではなく、少々厳しいことも盛り込むと、ちょうど良い塩《あん》梅《ばい》となる。

また、今でもたまに「社員急募」という記載を見かけるが、こんなことを書いても応募者は急に増えないし、足元を見られるだけで逆効果だ。「何で急募なのだろうか。社員が急に辞めた、何かトラブル、ひょっとしてブラック企業では……」などと、真面目な求職者ほどあれこれ心配する。仮に、運よく応募していただき採用できたとしても、そんな人は急に辞めてしまう可能性も高い。

❷「備考」欄

「備考」欄は、求人票の右側のゾーン・一番下（図表10-❻・P54）にあり、208文字まで書ける。この欄も多くの求人票ではスカスカ状態だが実にもったいない。「備考」欄には、他の欄に記載しきれなかったことや会社の雰囲気など、求職者が知りたい情報を記載できる（文例3）。

◆求職者が知りたい情報を丁寧に記載する

求職者は会社のことが何も分からない。確かに、会社も求職者のことが分からないが、求職者だって同じことで、お互い様なのである。そのような状況で、1日の大半を過ごす就職先を決めるのだ。そこで、求人票の内容を見てもらい会社のことをいくらかでも求職者に分かってもらうことが重要になる。

また、今やホームページは求人には必須だと思うが、アドレスを記載してホームページに誘導することも必要だ。そのホームページには経営者や従業員の顔写真があったほうが良い。どんな経営者で、どんな従業員がいるのかを知らせるためだが、顔写真があると会社への親しみがグンと深まる。また、経営者が顔写真まで出していると求人内容への信頼度も高い。今は多くの人が、食事などで初めて行くお店を、まずホームページでどんな雰囲気なのか見ると思うがそれと同じである。

文例３　「備考」欄の記載例

①「社内の雰囲気を伝える」
・従業員はほとんど女性で子育て中、もしくは子育て経験者ですから、子どもの病気や学校行事の場合も休みやすい体制です
・平均年齢○○歳、平均勤続年数○○年、過去３年間の離職率○％
・社長は○○歳、趣味は山登り、釣り、カラオケ（十八番は五木ひろし）
・技術士である社長の特技は自作のピザ窯で美味しいピザを焼くことです
・毎日15時には、全員でお菓子を食べながらお茶を飲みます
・２年に一度、費用全額会社持ちで社員旅行があります
・ほとんどの従業員は弁当を持って来ており、日当たりの良い休憩室で昼食を取れます
・チーム力で成果を挙げることをモットーにしております

②「働きやすさを伝える」
・有給休暇の取得率は○％
・７月、12月の繁忙期を除き、ほとんど定時に退勤しています
・今日、明日の即戦力ではなく、３年後の戦力を求めています
・未経験者でもコツコツと真面目に努力する人に向いています
・毎週水曜日は計画年休制度により月に１回交替で休んでいます
・あまり難しい仕事ではありません

③「求人条件の補足事項を伝える」
・「資格取得応援制度」により各種資格取得を奨励しています
・面接時の交通費支給はありません
・試用期間中は時給○○○○円になります
・勤務はシフト制ですが、土・日に勤務してくださる方を歓迎します

◆記載のポイントは

今の時代は、情報開示が信頼の第一歩だ。中小企業は、外部から見えにくいのでただでさえブラック企業に見られやすい。だから、分かっているようなことでもあえて記載してあると安心感が違う。

また、会社の雰囲気を伝えるには「家族的な雰囲気の会社」というような抽象的な表現ではなく、それを裏付ける数字なども盛り込んだ、より具体的な表現にする。

記載する内容としては、会社の人員構成、働きやすさを伝えるために年次有給休暇の取得率や、極端に高くなければ過去３年くらいの離職率なども記載す

文例4　「事業内容」欄の記載例

「社会保険労務士業」契約している企業様の社会保険の手続きや給与計算などを通じて経営者やそこで働かれる人たちに安心感を届ける仕事です。「ありがとう」と感謝されることも多いです。
（87文字）

「シャツ縫製業」こだわり派のニーズに応えるオーダーシャツの縫製を行っています。自社ブランド○○は好評で、リピーターも多いです。○○など全国の有名百貨店に出店しています。
（84文字）

「電気工事業」当社は○○電力100％出資の会社です。業績は安定しており、県内ではトップクラスの技術水準で、○○ショッピングセンター、○○市庁舎新築工事の電気設備を施工しております。
（87文字）

ると安心感が増す。

「備考」欄というと、何となくどうでも良いような印象を受けないでもないが、何しろ自由に書ける欄の中では3番目に多い208文字まで記載できるわけで、この欄を活用しない手はない。

3　「事業内容」欄

「事業内容」欄は、求人票の右側のゾーン・上のほう（図表10-❼・P54）にあり、90文字まで会社の自己紹介をするつもりで記載できる。求人をする際、最初に提出する「事業所登録シート」に記入するが、会社から変更しないといつまでも内容が変わらないので注意が必要だ（文例4）。

◆見出しだけでは伝わりにくい

数多い求人票の中から自社を選んで応募してもらうことが重要だが、「事業内容」欄がユニークだと求職者の印象に残りやすく、求人内容を読んでもらえる。読んでもらえるから選んでもらいやすい。

一般的には「○○業」とだけ書いた求人票が多いかと思う。もちろん、○○業だから間違いではないが、これを会社の自己紹介と考えた場合、これだけでは単なる見出しに過ぎず、どんな会社なのか分かりにくい。

例えば人前で自己紹介する場合を考えてほしい。「私は○○です」だけでは、聞いた人は○○さんであることは分かるにしても、どんな人なのか分からないのと同じだ。

◆記載のポイントは

「○○業」というのはせいぜい10文字くらいだろうから、これは見出しと考えて、残り80文字を使い他社との違いをアピールする。会社の社歴、所属しているグループ、店舗数やその所在地、主な取引先、営業エリアなど、素人が見てもどんな事業を、どの程度の規模でやっているのか分かるようにする。例えば、営業活動で新規開拓をする場合に、会社案内などを持参して「当社は……」などと会社の事業内容を説明するかと思うが、それを90文字にまとめれば良い。

また、求職者は自社の事業に詳しくないことを想定し、専門用語は極力使わない。中学生でも分かるような表現が理想である。

4 「会社の特長」欄

「会社の特長」欄は求人票の右側のゾーン・「事業内容」欄の下（図表10-❽・P54）にあり、90文字まで記載できるので、他社と比べて優れている点をアピールしたい。この欄も、「事業内容」欄と同じく会社から変更しないといつまでも内容が変わらないので注意が必要だ（文例5）。

文例５　「会社の特長」欄の記載例

・当社は創業100年、日々商品開発に努めながら次の100年をめざしています。社内結婚も多く、親子三代で勤務する人も３組います。また、社内にロックバンドのクラブがあり新年会などで活躍します。　(89文字)

・従業員同士が助け合って仕事の調整をしているので子育てしやすい会社です。全員未経験からのスタートですが、業務レベルは県内トップクラスです。県内で一番厳しく、一番あたたかな会社です。　(89文字)

・社長は父親、従業員は兄弟のようなものが経営理念です。「人を大切にする経営」を実直に実践している会社です。会社は経営目的の第一を従業員とその家族の幸福追求としています。　(83文字)

・派手さはありませんが、コツコツと創業50年目の会社です。○○テレビでも紹介された環境に優しい当社の○○は特許も取得済みで、国内はもとより海外からも多くの引き合いがあります。　(85文字)

・当園は、異年齢保育や集団の中で遊びや生活をとおし、自立心や社会性を育てることを目的とした認可保育園です。保育の一環として長年取り組んでいるマーチングは県内トップクラスです。　(86文字)

Q＆A　「くるみんマーク」とはどのようなものか？

「子育てサポート企業」として、厚生労働大臣の認定を受けた証である。次世代育成支援対策推進法に基づき、一般事業主行動計画を策定した企業のうち、計画に定めた目標を達成し、一定の基準を満たした企業は、申請を行うことによって厚生労働大臣の認定「くるみん認定」を受けることができる。この認定を受けた企業の証が、「くるみんマーク」で、2018年３月末時点で、2,878社が認定を受けている。

さらに、「くるみん認定」をすでに受け、相当程度両立支援の制度の導入や利用が進んだ優良企業などを対象に、「プラチナくるみん認定」の制度がある。2018年３月末時点で、195社が認定を受けている。

◆空欄だと会社の情熱が伝わりにくい

ここが空欄であったり、10年も前にオープンしたのに「平成○○年○月新規オープン」という記載のままだったりする会社は意外に多いものだ。しかし、これでは求職者に「とりあえず求人をしてるのね」という印象を持たれ、会社の魅力が伝わらないばかりか情熱も伝わらない。

求職者は、どこかに就職しなくてはならないわけで、できれば少しでも良い会社に就職したいのは当然のことだ。だから「どうせならこの会社に」と思えるような記載が必要であり、そのためにも、どんな会社なのか、他社と比べてどう違うのかをこの「会社の特長」欄でアピールする。

そうはいっても、自分の良さは自分では分かりにくいのと同じで、自社の良さは分かりにくい。だから先述した「事業内容」欄と同じく、新規顧客に営業するようなつもりで、「会社の特長」欄を記載すれば良い。

◆記載のポイントは

自社の経営方針、業績、教育訓練制度、職場の雰囲気、取り扱い商品（サービス）の評判などを書いて、会社の魅力を伝える。環境にやさしい、働き方改革への積極的な取り組み、仕事と家庭の両立支援、社会貢献など、今時のキーワードが入ると求職者の評価は高いのではないだろうか。

また、「くるみんマーク」、業務面では「ＩＳＯ認証企業」「経営革新計画承認企業」など、役所が認定したものがあれば記載しておくことは有効だ。やはり、会社の言い分だけより、役所のお墨付きがあると信用が高まりやすい。

6 応募条件・選考手順などをハッキリと明示する

求人票は、会社から求職者に対して「こんな仕事を、こんな条件で募集しますがどうですか？」というお誘いだ。その内容はA４一枚に盛り込まれるわけだが、前述した主な記載欄以外にも、実際に応募・選考手順など重要な項目があるので具体的に記載しておく必要がある。これらの記載事項は、応募者を増やすためというのはもちろんのこと、採用した後でトラブルを起こさない予防策としての意味合いも強い。

1 応募の条件

ここの項目は、求職者が応募できるかどうかという最初の関門だ。人の集まり具合、つまり会社の採用力により必要な条件を設定することになる。

◆年齢は原則として制限できない

年齢は原則として「不問」としなくてはならない。ただし、例外に該当する場合は年齢制限をすることが可能だが、「労働施策の総合的な推進並びに労働者の雇用の安定及び職業生活の充実等に関する法律」（施行規則）第1条の3第1項に定められている次の6つだ。

- ［例外事由1号］定年年齢を上限として、その上限年齢未満の労働者を期間の定めのない労働契約の対

象として募集・採用する場合（例：定年が60歳の会社が、60歳未満の人を募集するような場合）

- ［例外事由2号］労働基準法その他の法令の規定により年齢制限が設けられている場合（例：警備員として18歳以上の人を募集するような場合（警備業法第14条の警備業務））
- ［例外事由3号のイ］長期勤続によるキャリア形成を図る観点から、若年者等を期間の定めのない労働契約の対象として募集・採用する場合（例：35歳未満の人を募集（高卒以上・職務経験不問）するような場合）
- ［例外事由3号のロ］技能・ノウハウの継承の観点から、特定の職種において労働者数が相当程度少ない特定の年齢層に限定し、かつ、期間の定めのない労働契約の対象として募集・採用する場合（例：電気通信技術者として、30〜39歳の人を募集するような場合（電気通信技術者は、20〜29歳が10人、30〜39歳が2人、40〜49歳が8人））
- ［例外事由3号のハ］芸術・芸能の分野における表現の真実性などの要請がある場合（例：演劇の子役のため、○歳以下の人を募集するような場合）
- ［例外事由3号のニ］60歳以上の高年齢者または特定の年齢層の雇用を促進する施策（国の施策を活用しようとする場合に限る）の対象となる者に限定して募集・採用する場合（例：60歳以上の人を募集するような場合）

◆必要な経験、資格・免許、学歴は必要なものに絞る

「実務経験3年以上」という条件を見ることがあるが本当に必要なのだろうか。かえって、これが応募のハードルを必要以上に高くしている場合もあるし、中途半端な経験があるばかりに会社の指導を真剣に受けず、採用後の伸び代が、さほどでもないことも少なくない。

ちょうど、中途半端な中古住宅の建っている土地と同じで、更地のほうがどれほどありがたいことか。基礎学力が普通以上であれば、経験などなくても普通の仕事は一定の時間をかけることで習得できる。

資格・免許についても、業務上絶対に必要なものは応募の条件として記載しておくべきだ。しかし、なくても大丈夫なものや、採用後に取得してもらえば良いものは応募条件としないほうが応募してもらいやすい。本当にその資格・免許が必要なのかを考えてみる。

学歴についても、どうしても高卒、大卒でないと業務上不都合であれば指定することもやむを得ないが、もし問題がなければ「不問」でも良いのではないだろうか。いくら大卒以上としたところで、学校ごとにレベルがあるわけで、その基礎学力は一様ではない。

❷ 応募・選考の手順

応募から採否決定までの手順を具体的に明示しておく。この期間は極力短めに設定する。

◆応募書類の指定をする

応募に必要な書類を具体的に明示する。一般的には履歴書だろうが、もし自筆であることが必要ならその旨を明示しておく。確かに、自筆だと敬遠する求職者もいる。しかし、できればそのほうが書類選考の判断材料にはしやすい。文字には性格が現れやすいからだ。

また、写真もあったほうが良ければ「写真貼付」としておく。

さらに、最近は頼みもしないのに職務経歴書なるものを送ってくれる応募者も多い。職務経歴書というのは、一口で言えば履歴書の職歴欄を詳しくしたようなものだ。応募者が今までの職業生活においてどんな仕事してきたのか、どんなスキルがあるのかなどが記載してある。いわゆる応募者から会社へのプレゼンテーションのようなものだ。もし、職務経歴書が必要ならそのように明示しておく。

◆応募から採否決定まではできるだけ短いほうが良い

もたもたしていると、こちらから内定通知を出しても、すでに他社に採用されてしまっていることだってある。だから、求人票に募集期間、面接日、採否決定日、採用予定日などを明示しておき、もし、応募者の事情でこれら面接日など日程の変更が可能であればその旨も明記しておくと良い。

また、選考は書類選考があるのか、試験は面接だけなのかあるいは筆記もあるのか、なども記載しておくと応募者にとっては安心感がある。逆に、何の前触れもなく面接日にいきなり筆記試験や実技試験をされると戸惑うばかりか不信感を持たれかねない。

3　面接・採用後のこと

面接後に応募書類の取り扱いをどうするのか、採用後に試用期間がある場合は、その前後の労働条件に違いがあるのかどうかを、あらかじめ明示しておく。

◆応募書類の取り扱い方を明示しておく

面接終了後に応募書類をどうするかを明示しておく。採用になる場合は、当然会社で保管することになるだろうが、問題は不採用者の取り扱いである。個人情報保護についての意識や規制が強まっており、その取

Q&A　試用期間前後で労働条件に差を設けるべきか？

設けるべきとはまでは言えない。ただし、労働条件、特に賃金については能力が期待外れだったとしてもそう簡単には引き下げられない。だから、もし不安があればお試し期間である試用期間を満了した場合に、想定していた賃金にするというのは考えられる。また、中小企業では賃金計算の途中で採用することもあるので、例えば採用月は時給で支払うとういこともある。もちろん、このようなことは求人票にキチンと記載しておくことが必要だ。

り扱いには細心の注意が必要だ。

原則は、応募者へ返却することになる。この場合、返却の記録を残すため普通郵便ではなく、書留もしくは特定記録郵便が無難だ。また、選考結果後速やかに返却しておかないと、不採用になった応募者から何かとケチがつけられやすい。

一方、返却せずに会社の責任で廃棄する方法もあるが、求人票にその旨を明示しておく必要がある。この場合の廃棄は、いつ、誰が、どんな方法で廃棄したのかを記録しておくことが必要だ。もちろん、このような記録はハローワークに届け出るようなことではないが、万一、不採用者から「私の書類はどのように廃棄されましたか」と照会を受ける可能性だってあるからだ。

◆試用期間前後における労働条件の違いを明示しておく

多くの会社では3～6カ月程度の試用期間を設けている。ここで注意したいのは、試用期間前後における労働条件の違いだ。例えば、月給で募集するが試用期間中は時給または日給だとか、手当は支給しないとかいう場合である。この場合には、具体的に試用期間中は時給○○○円、試用期間満了後本採用後は月給○○○円というように明確にしておく。

もし、求人票にこのようなことが明示されていないと、職業安定法に基づく指針等に反するだけでなく、採用後に「そんな話は聞いていない」といったトラブルになりかねない。

図表16　求人票のチェックリスト

No.	チェック項目	☑
1	「仕事の内容」欄の文字数は十分か（上限297文字）	
2	どんな仕事なのか素人でも分かるか	
3	業務量、業務体制（人員など）が具体的に記載されているか	
4	付随業務も具体的に記載されているか	
5	求めるレベル（応募時・3カ月・6カ月）の目安が記載されているか	
6	賃金のレベルは世間並みのちょっと上になっているか	
7	賃金額は定額表示か、もしくは幅が大き過ぎないか	
8	固定残業代を設ける場合の表示方法は適切か	
9	就業時間は極端に拘束時間が長くないか	
10	休日数は全求人票の20%以内にあるか	
11	「求人条件特記事項」欄の文字数は十分か（上限216文字）	
12	求人条件を補足する内容となっているか	
13	「備考」欄の文字数は十分か（上限208文字）	
14	「備考」欄の内容で会社の雰囲気が伝わるか	
15	「事業内容」欄は会社のプロフィールになっているか	
16	「会社の特長」欄は他社に比べて優れている点をアピールできているか	
17	必要な経験、資格・免許、学歴は適切か	
18	応募から採否決定までの期間は長過ぎないか	
19	応募書類の取り扱い方法を明示しているか	
20	試用期間前後の労働条件の違いを明示しているか	

労務小話 第2話

育児休業

おかず：お休みできるもう1つの「育児休業」っていうのは、いつから取れるんですか？

ご隠居：産休が産後56日までだから、57日目から育児休業が取れるぞ。育児休業できる期間は原則として、子どもが1歳になるまでじゃ。もし、子どもが1歳の時点で保育所に入れない場合などは1歳半まで、1歳半の時点でも保育所に入れない場合などは2歳まで休業を延長できるぞ。さらに、両親ともに育児休業を取れば、保育所の入所待ち関係なしに、子どもが1歳2カ月まで延長できる。もちろん、両親それぞれに取れる育児休業日数は最長1年間（母親は産後8週間を含めて）じゃ。これをパパ・ママ育休プラスという。

おかず：パパ・ママ育休プラスなんて、舌をかみそうですね。それはともかく、いま、保育所がなかなか空いていないらしいから、その場合、最長2年までは〝保活〟ができるのは安心ですね。

ご隠居：ほ・か・つ？　なんじゃそれは？

おかず：子どもを保育所に入所させるための活動、略して保活ですよ。そういえばご隠居さんも、○活なんてやつお好きじゃないですか。

ご隠居：わしのは終活、好きなのはトンカツじゃ。

（つづく）

第3章

ミスマッチを防ぐ 面接前の〝かくし味〟

本章のポイント

一、書類選考は第2次面接のつもりで取り組む
二、まずは履歴書全体をサッと見回す
三、学歴・職歴を過大評価しない
四、学歴・職歴以外も意外に重要
五、面接日の連絡は早く正確に行う
六、応募者アンケートで第3次面接を行う

本章では、面接前に行う書類選考を中心に解説していく。川越式採用手順において、書類選考というのは第2次面接と位置付けているが、これには採用すべき人とそうでない人をフィルターにかける効果がある。

書類選考といえば何となく小難しい感じもするが、川越式採用手順を踏めば、応募書類を開封する前から、どこをどう見て、どう評価すれば良いのかというポイントが理解できるはずだ（図表17）。

特に、人を見抜く自信のない方や採用に不慣れな方にとっては、本章の書類選考手順を愚直に行うことで採用の失敗率は大幅に低下する。また、この面接前の段階は選考辞退も多いので、書類選考手順を通じ、応募者に会社への信頼感を徐々に高めてもらうことが重要だ。真面目な応募者は真面目な会社を好むことから、このあたりのポイントをおさえたい。

図表17　第３章の全体構成

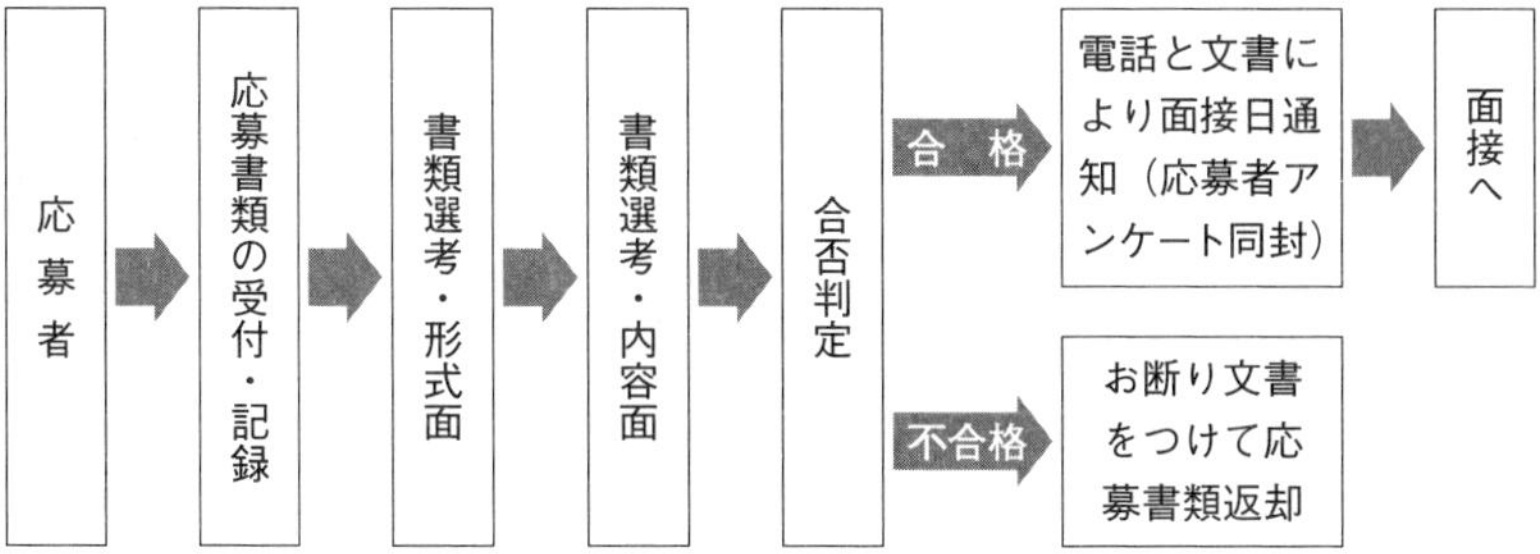

もちろん、履歴書を持参してもらい即面接という会社もあるとは思うし、それはそれで仕方ないのだろうが、手順を１つ省くとそれだけ応募者の層が広がり、結果的にミスマッチが増えることも確かだ。

まず、書類選考実施の是非だが、仮に応募者全員と面接まで行うにしても、とりあえず事前に履歴書なりに目を通しておいたほうが良い。そうすることで面接自体にゆとりが持て、会社ペースで面接を進められるからだ。

次に、履歴書など応募書類は全体から個々の項目へと見ていく。学歴や職歴などが気になるのは確かだが、意外にも写真の貼り方や応募書類にまつわる〝３つの日付〟など、応募者自身も気に留めていないようなところに見極めのポイントがある。

また、応募者から信頼を得る方策として、書類選考後の面接日通知を電話と文書の二段階で行ったり、書類選考だけでお断りする人への、より丁寧な対応など応募者の立場で考えることが重要だ。

そして、面接を行う人への「応募者アンケート」により、応募者をフィルターにかけることで、面接の効率化ばかりか、問題のある人に振り回されることなく、採用におけるミスマッチは格段に低下する。

1 書類選考は第2次面接のつもりで取り組む

川越式採用手順は、応募書類を事前に送ってもらうことが原則だ。それは、応募者情報を事前に見ておくことで、面接における質問の準備など会社がゆとりを持つためである。さらに、そのような手間を嫌がる求職者から応募をしてもらわないためのフィルターでもある。つまり、書類選考は第2次面接のようなものなのだ。

1 なぜ事前に応募書類を送ってもらうのか

もちろん、業種によっては「電話連絡後、履歴書持参、即面接」というのが一般的かもしれないが、仮に応募者全員と面接をするにしても、できれば事前に応募書類を送ってもらったほうが良い。問題のある応募者を会社へ近付けずに済むし、面接にゆとりが持てるので採用の失敗を防止できる。

◆問題のある応募者を会社に近付けない

「黙って座ればピタリと当てる」。そんな特殊能力のある人ならば、面接だけで人を見抜けるのだろうが、普通の人にそれは難しい。特に転職が多く問題のある人は、いろいろな経験を積んで面接事情にも通じており、中小企業の面接を潜り抜けることなど朝飯前なのだ。逆に不慣れな面接担当者だと、応募者と向き合うだけで緊張してしまいかねない。

また、「〇月〇日の〇時に」と、電話で約束しておきながら平気ですっぽかす人だっている。せっかく時間を空けて待っていたのに、キャンセルの電話ひとつよこさない。まったく迷惑な話だ。

だから、事前に書類を送ってもらい、書類選考というフィルターにかけることにより、問題のある応募者を会社に近付けない。

◆面接本番にゆとりが持てる

よほど面接のプロでない限り、面接日に持参された応募書類をその場で見て、会社への適性を判断することなど到底できることではない。だから、仮に応募者全員と面接するにしても、事前に書類を見ておくことが大切だ。応募者がどんな年格好の人で、どんな経歴を持ち、そしてどんな資格・免許を持っているのかを、事前に予習できるわけだから、面接本番でする質問も、ゆとりを持って具体的なものを準備できる。

応募者にしても、面接を受けようとする会社の求人票やホームページなどで情報を収集して準備しているはずだから、会社が事前に応募書類を見ておくくらいのことは当然かもしれない。

例えば、今はあまりないお見合いでも、事前にお相手の写真とプロフィールを見ておくと、ゆとりが持てるのと同じだ。

◆面接前に面接を終える

事前に書類を送るということは、慣れていない人にとっては面倒かもしれない。だから、この程度のことも面倒くさがる人は応募しないが、採用の失敗を防ぐ観点からかえって好都合である。なぜなら、今は募集に広く門戸を広げるべきとされており、とりあえずの応募者にも応じなくてはならない。そのために、事前の書類送付を課すことで、より積極的な求職者に応募してもらえるからだ。

図表18　応募者一覧表（応募書類受付簿）

受付月日	紹介月日	作成月日	氏　名	最終学歴	学卒後就職先	封筒	郵送	書類の評価（A、B、C）総合	転職回数	職　歴	資格等
9/5	9/1	9/2	○○○○	○大学	○銀行	大	速達				

３つの日付の流れをみる

気づいたことをメモする

取りあえずA、B、Cで評価する

合否判断	書類廃棄。月日、方法廃棄者㊞	不合格通知	職安通知	面接日通知	面接日時	備　考
×	9/10 シュレッダー㊞	9/10	9/10	/	/　:	

個人情報なので取り扱いは厳格にしておく

そういう意味で、書類選考というのは、求人票という応募のお誘いに次ぐ「第2次面接」のようなものである。会社からの「応募しませんか？」に応えて、「採用してほしい」という意思を書類にして送ってくれるわけだから、意思のやり取り、つまり面接のようなものだ。もちろん、この段階までは実際に会って面接などしていないので、面接前に面接を終えるようなものである。

2　応募者一覧表を作る

応募者一覧表というのは、応募書類の受付簿を兼ねたもので、書類選考を行う際の評価資料として活用するリストだ。合否の判断がしやすいほか、書類の紛失防止や採用事務の漏れ防止にも役立つ。また、この後の手順である面接の評価結果も盛り込むと、最終の採否判断資料としての一覧性が高まる。

◆評価しやすい

応募者一覧表に決まった様式があるわけではないが、ひな型としては（図表18）のようなものだ。誰の書類がいつ、どのように届き、どのように評価したのかなどを記録するもので、会社の事情により項目は適宜追加、削除すれば良い。エクセルなら項目を増やせるので、面接時の評価項目を盛り込めば、さらに一覧性が高まり評価しやすい。

また、応募書類は1人ずつ様式が違うので、応募者同士を比較する場合にいちいち書類を見直さなくてはならない。その点、会社として必要な項目を一覧表にしておくと応募者同士の比較がしやすいばかりではなく選考基準がぶれにくくなる。そして、「だからこの人と面接する」、「だからこの人は書類選考でお断りするんだ」という、選考する側の納得材料になりやすい。

◆書類の紛失防止

今の時代はこれが一番怖い。応募書類は個人情報であり紛失してしまうととんでもないことになる。特に、不採用になった人からケチがつけられやすい。そもそも、会社に届いたという記録がないと、他の書類に紛れ込んだり紛失したことすら気づかないこともあり得る。だから、書類が届いたらすぐに記録し、そして、その後どうしたのかを併せて記録しておく。こうしておくことにより、書類紛失リスクは大幅に低下する。

また、応募書類を返却せずに自社で廃棄する場合、求人票にその旨を記載するが、その場合は「求人者の責任にて廃棄」となっており、いつ、どのような方法で誰が廃棄したのかくらいの記録は必要だ。この廃棄記録も応募者一覧表に記入しておく。

◆採用事務の漏れ防止

人を採用するにはそれなりに事務が必要である。書類選考だけでお断りする場合の通知、面接をする場合はその連絡、ハローワークの「紹介状」に対しての「選考結果通知」などだが、いずれも外部とのやり取りであり重要なものばかりだ。

しかし、このような事務は、何か一覧表にしてチェックしておかないと漏れてしまいやすい。会社からの通知などが遅れ、応募者から「応募したのですがどうなりましたか？」などと催促を受けるようでは信用ががた落ちだ。面接をしない書類選考でのお断りなどは、下手するとトラブルになることもある。また、ハローワークへ選考結果を回答する「選考結果通知」も漏れやすいが、これも会社に対してマイナスの評価を評価されかねない。会社の評価というのは、このような小さなことの積み重ねで決まるものだ。もちろん、中にはハローワークの紹介は受けたものの、応募してこない求職者もいる。だからこそ、応募者一覧表により応募の有無を記録しておく必要があるのだ。

3 応募書類開封前にこれだけのことが分かる

確かに、応募書類の送り方など細かい話ではあるが、特に事務系などの職種における募集では重要だ。このようなことは、書類を受け取る人に対する配慮である。確かに今は求人難なので、このようなことまでこだわる余裕はないのかもしれないが、この程度のことがキチンとできない人は採用後の仕事ぶりもその程度である可能性は高い。

◆封筒の書き方・使い方

まず、封を開ける前に送られてきた封筒全体を眺めてみる。文字のうまい下手は別にして、宛名はしっかり書かれているだろうか、会社名は間違えていないかどうかを確認する。応募する会社名を間違えるようではどうしようもない。

Q＆A 面接の前に必ず書類選考をすべきか？

必ずとは言わないが極力行ったほうが良い。もちろん、業種や職種によっては、事前の書類送付を求めにくい場合もあったり、どれだけの応募があるのかなど会社の採用力も関係するので、個別の判断もあり得る。ただ、事前に書類選考をする最も大きな目的は、問題のある応募者を会社に近付けないことにあるので、極力実施したほうが良い。それは、書類で人を見極めるというより、事前送付という手間をかけても応募してくる人かどうかを判断するためだ。筆者の基本的な考え方は「人は簡単に雇うから簡単に辞める」であり、面接前に会社も応募者もひと手間かけることをすすめている。

次に、裏返して差し出し人、つまり応募者の郵便番号・住所・氏名が書いてあるか。意外にもこれが漏れていたりする。もし、宛名も間違えていたらこの応募書類はどうなるのだろうか。

そして、封の仕方である。これがいい加減だと中の書類が飛び出しかねない。いい加減というのは、のり付けが不十分だったり、封がしわしわになっていたりするものだ。封の仕方ひとつにも性格が出るもので、こんなところが仕事にも通じるものである。

◆切手の貼り方

めったにないだろうが郵便料金不足の応募書類だってある。もちろん本人に悪気があったわけではないだろうが、用心深さに欠けるのではないだろうか。このような人は、少なくとも事務系の職種には適性がないと判断したほうが良い。もし、料金に自信がなければ郵便局に持ち込めば良いだけの話だ。

また、切手の貼り方を見てみる。いい加減に貼っているかキチンと貼っているかだ。いい加減というのは、切手の端がはがれていたり、斜めに歪《ゆが》んで貼ってある場合などである。こんな人は、切手の貼り方がいい加減であることを認識していないので、採用後もこんな貼り方をするものだ。封筒の書き方・使い方と同じで、どれだけ慎重かどうかである。

◆郵送の方法

まず、書類を折り曲げずに送っているか、折り曲げて送っているかだ。書類を見る立場としては、どちらかといえば折り曲げていないほうが見やすい。

また、普通郵便か速達郵便か、もしくは書留郵便か。もちろん、これがすべてではないが、速達郵便だと応募への積極性を感じる。さらに、書留郵便だと良い意味で用心深いイメージだ。

さらには、応募書類が曲がらないよう、クリアファイルに入れられたり型紙を添えて送られてくるものもあるが、封筒を開けなくても触れば分かる。これらのことは書類を見る側への配慮であり受取人志向の対応だ。もちろん配慮であるから、こうしていないと絶対にダメということではないが、仕事ではこのようなことができるかどうかは大きなポイントになる。

2 まずは履歴書全体をサッと見回す

一般的な応募書類といえば履歴書なので、これを基本に話を進める。まずは履歴書全体をサッと見回して雰囲気をつかむ。学歴や職歴などの具体的な吟味はともかく、目に飛び込んでくる第一印象が大切だ。次に〝3つの日付〟を並べて応募の流れを確認する。そして、応募資格を満たしているかの確認へと進む。

このようにして見ると、実にいろいろなものが見えてくる。もちろん、職歴など具体的なことも重要だが、このような応募者も気に留めていない部分に性格などが見えてくるものだ。

① まず履歴書の雰囲気を見る

履歴書の雰囲気というのは、応募者に対する第一印象のようなものだ。全体をサッと見回し空欄や誤字脱字が多くないか、写真のイメージや貼り方はどうかである。細かなことかもしれないが、このようなところに応募者の性格などが見えるものだ（図表19）。

◆空欄が多くないか、書き方は丁寧か

履歴書をサッと見回してみて、これに空欄が多いのは考えものだ。大体のところは埋めていないと本当に就職したいのかどうか疑いたくなる。履歴書は試験の答案のようなものだから、該当しないのであれば「該当なし」と書くなどとりあえず空欄を作らないのが原則だ。

そして、もうひとつ気にしたいのが書き方は丁寧であるかどうかである。もちろん、これは字がうまいとか下手とかいうことではない。下手なら下手なりに丁寧に書けば読み手には誠実さが伝わる。そのようなことを考えれば、できれば履歴書は自筆が良いのではないだろうか。パソコン打ちではなく、手書きだからこそ伝わることも多い。もちろん、その場合は求人票の応募書類に「自筆履歴書」と記載しておく。

◆誤字脱字などはないか

誤字脱字も注意して見ておきたいところである。今はパソコンなどの普及により、あまり字を手書きしないので、〝読めるのに書けない〟文字も少なくないが、履歴書に誤字脱字はいただけない。自信のない文字は辞書を引くくらいの慎重さも必要である。

年	月	資格・免許
平成13	1	普通自動車第一種運転免許 取得
平成14	2	実用英語技能検定 2級合格
平成15	3	基本情報処理技術者試験 合格
平成16	4	TOEIC スコア 720点取得

職歴との関連を見る

資格・免許がどの程度のものなのかを調べる

具体的でこちらに思いが伝わるか、入社後に何がしたいのか分かるか。空欄はNG。

志望の動機、特技、好きな学科、アピールポイントなど	通勤時間	
貴社の商品企画業務に携わりたいと考え志望しました。前職では、パソコンの周辺機器の企画開発を中心として、ターゲットの動向調査を行なってきました。 また、販売促進の経験から、特にユーザーのニーズの発見の為のマーケティングを意識した企画を心がけ、防音フィルターを導入した外付けデバイスの開発では10%アップのシェア拡大を達成しました。この経験を生かして、貴社の企画業務と開発管理に寄与させて頂きたいと思い応募しました。 特技は、誰とでもコミュニケーションが図れることです。	約 40 分 扶養家族数（配偶者を除く） 1 人	
	配偶者 ※ ㊒・無	配偶者の扶養義務 ※ 有・㊣無

本人希望記入欄（特に給料・職種・勤務時間・勤務地・その他についての希望などがあれば
貴社の規定に従います。

空欄ではないか。また、希望が具体的に記載されているということは真面目さの表れでもある。

図表19　一般的な履歴書のイメージ

全体的に空欄や誤字脱字が多くないか

体裁、雰囲気、相性はどうか

履　歴　書

●年●月●日現在

ふりがな	にっぽん　たろう
氏　名	日本太郎
昭和 55 年 7 月 4 日生（満 37 歳）	※ 男・女

ハローワーク紹介日、会社への到着日との流れを見る

ふりがな	とうきょうとちゅうおうくちゅうおうみなみ5-6-7	電話
現住所	〒●●●―●●●● 東京都中央区中央南5丁目6番7号　中央マンション205号	03-9999-9999
ふりがな		電話（携帯）
連絡先	〒　（現住所以外に連絡を希望する場合のみ記入）	090-1111-2222

年	月	学歴・職歴（各別にまとめて書く）
		学　歴
平成8	3	中央区立中央第7中学校　卒業
平成8	4	東京都立中央第7高等学校　普通科　入学
平成11	3	同校　同科　卒業
平成11	4	東京中央経済大学　経済学部　入学
平成15	3	同校　同学部　卒業
		職　歴
平成15	4	株式会社○○○○　入社
平成20	5	同上　一身上の都合により退職
平成23	2	株式会社▲▲▲▲　入社
平成28	7	同上　一身上の都合により退職
平成28	12	株式会社●●●●　入社
平成30	6	同上　一身上の都合により退職

どこの高校を出ているか

卒業しているか、留年は多くないか

最初の就職先はどんな会社だったのか

転職回数は多くないか、転職にキャリアアップの形跡があるか

省略している職歴はないか

記入上の注意　1．鉛筆以外の黒又は青の筆記具で記入。　2．数字はアラビア数字で、文字はくずさず正確に書く。　3．※印のところは、該当するものを○で囲む。

もちろん、履歴書を送る前に誤字脱字に気づいたのは良いが問題はその訂正方法だ。間違えたのは仕方ないとして、二本線で訂正するならまだしも修正液（テープ）というのはどうなのだろうか。これは、履歴書を裏返して光にかざせばすぐに分かる。募集している職種にもよるが、筆者の選考基準だと大きなマイナスポイントだ。仕事上、平気でそのような訂正をされたら致命傷になるからである。

◆写真はこう見る

写真は2つの視点から評価する。1つは体裁だが、キチンとした証明写真なのか、今はあまりいないだろうが、スナップ写真を切り取った程度の人もいなくもない。また、写真の貼り方にも性格が出るもので、枠内にキチンと貼ってある人、枠など無視している人などさまざまだ。逆に、写真の裏側に氏名、生年月日まで書いてくれている人だっている。まさに人生いろいろ、応募者もいろいろだ。

そしてもう1つは、写真の雰囲気だ。もちろん、美男美女とかそうでないということではなく、顔つきや写真から受けるイメージだが、それは相性につながりやすい。相性はとても大切であり、それが良くないと採用後の雇用関係はうまくいかないものだ。これは職務能力以前の話である。

2 〝3つの日付〟に注目する

次に履歴書で注目したいのは〝3つの日付〟だが、これにより応募の流れが分かる。流れというのは、ハローワーク紹介からどれだけの期間で、履歴書を郵便ポストに投函したかだ。これだけでも応募者の性格なり行動パターンの一端を垣間見ることができる。

◆〝3つの日付〟とは

〝3つの日付〟というのは、「書類が会社に届いた日」、「ハローワークの紹介日」、それに「応募者が履歴書などを作成したと思われる日」である。思われるというのは、あくまで自己申告のようなものだからだ。そして、会社へ届いた日付は封筒に受付印を押すなり、なければ手書きで記入しておく。ハローワークの紹介日は紹介状の右上に記入してある。履歴書の作成日は履歴書の上部に記入欄があるはずだ。これら3つのうち、履歴書の作成日以外の2つは第三者が絡むので時間的なズレはさほどないが、履歴書については記入日と郵便ポストへの投函日に若干のズレが生じる。

もちろん、これら3つの日付は、先述した「応募者一覧表」に記録しておく。

◆3つの日付から何が読めるか

通常は、ハローワークの紹介日、書類作成日、そして会社への到着日の順になる。もちろん、これも絶対的な見方ではないのでひとつの参考として捉えてほしい。

まずは、ハローワーク紹介日から会社到着日までの間隔だが、これが短いと応募について行動の早さを感じる。また、履歴書作成日と会社到着日に何日か間があれば、応募を若干ためらったのか、それとも単に送るのを後回しにしたかだ。もちろん、応募者が失業中か在職中かによっても日付の間隔は変わってくる。いずれにしても、このあたりは先述した郵送方法が普通郵便なのか速達郵便なのかも絡めて見てみると、応募者の性格というか行動パターンを垣間見ることができる。

◆日付なしの履歴書は考えもの

たまに日付の書かれていない履歴書を見かける。単なる書き忘れなのか、それとも、もし不採用の場合、返却してもらい他で再利用するつもりなのか。資源の有効利用の点からはそれもあるのかもしれないが、履歴書は別だ。

また、日付なしの場合、厳しい見方をすれば、書類の内容がいつ時点のものか分からないし、単なる記入漏れであれば、職務能力自体も疑わしいと評価できる。特に募集が事務系の職種の場合は注意が必要だ。そんな人に限って「私、事務歴○年！」などと自称・即戦力のつもりだったりする。

確かに、細かいといえば細かいことかもしれないが、このようなことは体に染みついているので、採用後の矯正は難しい。

3 応募条件を満たしているか

応募条件というのは、履歴書の様式（自筆限定の条件の有無）、学歴、資格・免許の取得状況などで、自社の求人に応募する資格のある人なのかを見ていく。

◆履歴書などの約束ごとが守られているか

履歴書の様式については求人票で指定できる。もし、求人票で「自筆履歴書」としているのに、パソコンで打ったものを送りつけてくる人はどうなのだろうか。同じく「写真貼付」としているのに写真なしで送ってくる人もルール違反というか真剣さが感じられない。繰り返しになるが、こんなことが約束どおりにできない人は、採用後の仕事ぶりもその程度だ。

もちろん、書類選考は応募者を蹴落とすことが目的ではないので、キチンとできていないことばかりチェックするのも少々気が引けるが、提出していただく履歴書などの約束ごとが守られているかどうかは基本的

Ｑ＆Ａ　“３つの日付”が重要ということだが、標準的にはどのくらいの間隔なのか？

応募者が失業中であることを前提とするなら、ハローワークの紹介日から、応募書類の会社到着日まで３日くらいだろうか。例えば、紹介日の翌日までに履歴書を作成し、その日にポストへ投函すれば翌日には会社に届く。履歴書を書きためていれば早く投函できるし、応募を検討したりしていれば遅くなるから２～４日程度だ。見るべきポイントは、３つの日付の間隔である。紹介日と履歴書作成日、履歴書作成日と会社への到着日だ。

なことではないかと思う。

◆学歴、資格・免許等

求人票において「大卒以上」としていれば、高卒は原則として応募資格がない。それなのに応募してくるというのはどうなのだろうか。「とりあえず送っとけば何とかなるさ」というような人は問題だ。もちろん、応募の段階で「大卒以上になっていますが、高卒でも応募は可能でしょうか？」と事前に問い合わせがあり、会社が承諾していれば問題ない。むしろ、そのような人は応募への真剣さというか情熱を感じる。

また、業務上必須の資格・免許が取得されているかの確認が必要だ。まさか取得していないのに取得と書く人はあまりいないだろうが、絶対にいないとも限らない。もちろん、最終的には内定時に免許証などを実際に見て確認することが必要になる。

◆その他のチェックポイント

履歴書本体ではないが、それに添えられている送り状というか書類送付案内状もチェックポイントだ。もちろん、ハローワークや求人情報誌のひな型そのままだったら評価する必要もない。しかし、応募者本人の言葉で書かれていれば、応募への真剣さが感じられるので十分評価できる。

また、これは勘違いというか思い違いをしているのだろうが、例えば「福岡・私立○○高校卒業」と堂々と書いてくる人もいる。正しくは「福岡市立

○○高校」もしくは「私立○○高校」のはずだ。
確かに、これらのことは履歴書の本丸、つまり核心ではないのかもしれない。しかし、履歴書に限らず、人はこのような入口の部分において人から評価されることが多いものだ。

3 学歴・職歴を過大評価しない

どうしても学歴と職歴は履歴書の中心になる。先述したように、履歴書は入社したい会社に対する応募者からのプレゼンテーションのようなものだから、自分を良く見せようとするのは当然だ。だからこそ、内容を鵜呑みにしたり、学歴などを過大評価することなく冷静にポイントをチェックする必要がある。そして、履歴書の内容をもとに面接を行う場合の質問項目を具体的に抜き出して準備しておく。

1 学歴に惑わされ過ぎない

確かに、「良い学歴＝優秀な人」ではないだろうが、良いに越したことはない。しかし、学校名だけではなく、卒業・中退の別、留年回数なども判断材料にする。また、基礎学力の視点でいえば、大学よりも高校のほうが地元である場合が多いので把握しやすい。

◆学歴は良いに越したことはない

良い大学を出ていると、当たり前にできて当たり前の評価しか受けないし、そのやっかみもあり、ちょっとでも失敗すれば「〇〇大学まで出ているのに……」と、厳しく評価される傾向がある。確かに、良い学歴の人がそのまま優秀な人ではないだろうが、確率的にはそのようなケースが多いはずだ。一般的に、良い学歴を修めるには、それなりの上昇志向や努力も必要であり、多くの場合は社会に出てもそのような思いを持ち続け、さらに努力を重ね優秀化する。そういった意味でも学歴は良いに越したことはない。

もちろん、それなりの学歴があればそれなりの会社に勤めれば良いのだろう。しかし、親の介護などでやむを得ず都会にある大手企業を辞めて地元に帰郷しなくてはならないこともある。特に女性の場合は出産・育児などで退職を余儀なくされることも多く、優秀な人が中小企業に応募してくる機会も多い。

◆学歴を見る３つの視点

まず、どんな学校を出ているかだ。ちなみに、日本には現在７６４大学、２３０７学部、５１４６学科があるらしい（旺文社教育情報センター　２０１７年６月調査）が、実のところ、一般の人には、どの大学がどのレベルにあり、どんな特色があるかなど分からないと思う。

だから、どの学校であろうと、まずはキチンと卒業しているのか中退なのかを確認する。確かに、いろいろな事情はあると思うが、高校、大学にかかわらずできれば卒業しておいたほうが良い。

そして、留年回数2回以上は理由を確認すべきだ。海外留学など特別な場合は除き、大学に6年も7年も通うというのはどうなのだろうか。

もちろん世の中には、高校や大学を中退したり、何年も留年した後に起業して大成功されている方もいるので一概には言えないが、これも1つの視点である。

◆大学より高校に注目する

仕事をさせる場合に重要なのは基礎学力である。確かに、日本では中学校までが義務教育だから、ここまでの学習をキチンとしておけば基礎学力は備わっているはずだ。もちろん今はほとんどの中学生が高校に行くので、実質的には高校までが義務教育のようなことになっている。

大学進学で地元を離れてしまうことも多く、先述したようにどの程度のレベルなのか分かりにくい。その点、高校は地元である場合が多いので、大体どの程度のレベルなのか大学よりも分かりやすい。だから、どの高校に通っていたかというのは、どの程度の基礎学力を持っているかの目安になる。

確かに、仕事にはいろいろなものがあり、頭脳労働ばかりでないが、それでも基礎学力が一定以上あると仕事の進め方が効率的であるなど、何かと助かるものだ。

2 職歴の流れを読む

中途採用の場合、転職経験は当然だが、注目したいのは学校卒業後最初の就職先、転職の回数、そして転職の内容だ。詳細は面接時に確認するものの、書類選考段階でもある程度の流れを読んでおく。職歴については面接時の質問としても多くなると思われるので念入りにチェックする。

◆学校卒業後最初の就職先に注目

高卒、大卒を問わず一度は新卒の年がある。まず、卒業した年の4月にキチンと就職しているかどうかだ。もちろん、中には何でこの人がこんな会社に就職できたのか、という場合もある。しかし、一般的に良い会社にはそれなりのハードルがあり、就職できたということはそれをクリアしているということだ。

また、新卒の場合、最初の就職先によって職業人としての基礎ができる。例えば、大手企業や地元の優良企業に就職していれば、それなりの時間と費用をかけて職業人としての基礎教育を実施されているはずなので、基本的な職業能力は身につけている可能性が高い。

新卒後の就職に失敗している筆者が言うのもおかしいが、普通に考えれば卒業した年の4月にキチンと就職できた人のほうが、採用面から考えたら無難だ。

◆転職の回数は多くないか

厚生労働者の「平成27年雇用の構造に関する実態調査」によれば、性別、年齢階層別、最終学歴別の転職回数の割合は**図表20**のようになっている。転職経験者の内数ではあるが、例えば30〜34歳における転職回数の割合は1回25・4％、2回20・9％、3回23・1％、4回16・4％のような割合だ。世の中には転職しない人もいるわけだから、30歳前半で4回以上というのは多いのではないだろうか。しかし、今まで転職回数が多くても、自社では落ち着いて定着することもないわけではない。要は確率の問題だ。

もちろん、転職は本人だけに問題があるわけではなく、勤務先自体の問題も考えられる。しかし、会社に問題のある人ばかり入って来ないのと同じで、問題のある会社ばかりに就職したとは考えにくい。

◆キャリアアップの形跡があるか

転職は悪いことばかりではない。向上心の強い人であれば、今の仕事に満足しきれず、さらにレベルの高い仕事を求めて転職することも考えられる。現に、そのような転職を繰り返しながらだんだんとキャリアアップ、そして起業して自己実現する人もいるだろう。

仮に、そのような転職であれば、職歴にそのような形跡がある。例えば、流通関係でキャリアアップを考

図表20　転職回数別割合

（単位：%）

転職回数 性別 年齢階層 最終学歴	計	1回	2回	3回	4回	5回	6回以上	不明
総　　数	100.0	28.8	19.1	20.0	12.5	8.4	10.2	1.0
男	100.0	32.1	20.3	18.3	11.7	7.5	9.1	1.1
女	100.0	24.2	17.5	22.5	13.6	9.6	11.6	1.0
年齢階級								
15～19歳	100.0	65.3	15.4	7.6	—	—	—	11.7
20～24歳	100.0	72.8	14.0	7.7	2.0	0.6	0.5	2.4
25～29歳	100.0	50.7	23.9	15.8	4.2	2.1	2.6	0.7
30～34歳	100.0	25.4	20.9	23.1	16.4	8.6	5.4	0.3
35～39歳	100.0	19.8	24.7	22.4	14.3	9.0	9.7	0.1
40～44歳	100.0	16.7	16.7	26.5	16.7	9.4	13.8	0.2
45～49歳	100.0	9.9	15.2	21.4	20.5	12.9	18.1	1.9
50～54歳	100.0	16.8	15.3	18.7	12.4	13.2	22.1	1.3
55～59歳	100.0	17.1	14.9	22.5	11.3	15.1	16.7	2.5
60～64歳	100.0	29.1	19.8	18.8	7.6	11.9	12.9	—
65歳以上	100.0	22.6	12.9	15.8	21.1	8.1	14.0	5.5
最終学歴								
中　　学	100.0	12.9	11.7	18.2	17.0	12.0	24.7	3.5
高　　校	100.0	20.2	16.8	22.0	15.3	11.2	13.7	0.8
専修学校（専門課程）	100.0	28.0	18.3	21.2	12.7	9.7	10.0	—
高専・短大	100.0	20.3	18.5	25.8	14.4	8.5	12.2	0.3
大　　学	100.0	42.5	23.4	16.4	8.2	4.3	4.1	1.1
大 学 院	100.0	53.2	20.2	8.5	8.7	3.9	4.6	0.9

出所：厚生労働省「平成27年雇用の構造に関する実態調査」

えていたとすれば、職歴もそれなりの関連というかストーリー性があるはずだ。しかし、そのようなものがなければ、単に場当たり的な転職であるとも考えられる。

だから、職歴に書かれた会社がどんな会社なのか調べたり、面接時にどのような考え方で転職したのかを尋ねれば良い。

３ 職務経歴書を過大評価しない

履歴書以外に職務経歴書というものもあるが、これを過大評価するのは禁物だ。なぜなら、たとえ華々しい経歴であったとしても、あくまで自己申告であるし結局退職してきているのである。せっかく送ってもらい、どうしても気になる場合でも参考程度に見ておけば十分だ。

◆職務経歴書はあくまで自己申告

職務経歴書というのは、先述したように職歴欄を詳しく書いたようなものだ。最近はハローワークなど就職支援機関やインターネットなどでも、職務経歴書を作成するよう指導されているようだ。不思議なもので、パソコンできれいに打たれた職務内容を見ると、すごい経歴・職務能力の持ち主のような印象を受ける。

しかし、冷静に考えてみれば職務経歴はあくまで「自分はやっていました」という自己申告だ。別に前職の会社が証明してくれているわけではなく、ハローワークがお墨付きを与えているわけでもない。

だから、こちらからお願いして提出してもらった場合は別にして、「ああ、そうなんですね」と参考程度に見ておけば十分である。

Q＆A 最近よく「ジョブ・カード」という言葉を耳にするがどのようなものか？

簡単に言えば職務経歴書をひと回り充実させた書類で就職活動に活用できるツールとされている。厚生労働省のジョブ・カード制度総合サイトには次のような記載がある。「ジョブ・カードとは、……『生涯を通じたキャリア・プランニング』及び『職業能力証明』の機能を担うツールであり、個人のキャリアアップや、多様な人材の円滑な就職等を促進するため、労働市場インフラとして、キャリアコンサルティング等の個人への相談支援のもと、求職活動、職業能力開発などの各場面において活用するものです。」

◆重要なのは自社で役立つかどうか

少々厳しい言い方をすれば、仮に華々しい職務経歴だったとしても、多くの場合は前職において評価されず退職して来た程度のことだ。一般的に、職務経歴書に書かれているような仕事を実際にこなして会社に貢献してくれていたなら、会社もそうやすやすと手放さないのではないだろうか。もちろん、前職がいわゆるブラック企業で、やむを得ず退職したような場合もあるにはあるだろうが。

百歩譲って職務経歴書に書かれていた仕事をこなしていたとしても、それはあくまで前職での話であり、重要なのはその能力が自社で役に立つかどうかだ。専門職種などのように職務内容が確立されている場合は別にして、一般の仕事では職務経歴書を鵜呑みにしたり過大評価するのは禁物である。

◆必要な場合は前職の退職時の証明を発行してもらう

もちろん、職務経歴が業務上必要で採用条件になっている場合は慎重に確認する必要がある。この場合、前職会社の退職時の証明（労働基準法第22条第1項）を発行してもらうことも考えられる（図表21）。

例えば、職務経歴に関して、前職で雇用されていた期間である「使用期間」、「業務の種類」、「その事業における地位」などは職務経歴の裏付けとなる。また、前職の会社は、退職した労働者から請求された項目について

図表21　退職時の証明書の例

退職時の証明書

＿＿＿＿＿＿＿＿＿＿殿

以下の通り、あなたは当社を退職したことを証明します。なお、本人が証明を求めた項目に限って記載しています。

退職年月日	年　　月　　日
使用期間	
業務の種類	
その事業における地位	
離職以前の賃金	
退職の事由	1．離職者の自己都合による 2．定年、労働契約期間満了等による 3．事業主からの働きかけによる 4．その他 （具体的に　　　　　　　　による） 5．解雇 （具体的に　　　　　　　　による） ※いずれかに○をつける

年　　月　　日

事業主又は名称
使用者職氏名　　　　　　　㊞

のみ証明することになっており、請求されれば証明を拒否できない。ただし、よほど円満退職でないと請求しづらいはずだ。

だから一般的には、よほどの場合以外は提出を求めることはない。下手をすると「だったら辞退します」となりかねないからだ。

4 学歴・職歴以外はこう見る

履歴書には学歴・職歴以外にも多くの情報が記載されている。通勤時間、資格・免許、志望動機・自己PR、本人希望などだが、これは面接時の質問の切り口としても大変重要だ。履歴書に記載してあることは、質問に対する応募者の回答のようなものなので、面接ではそれをさらに掘り下げて「なぜそうなのか、なぜそう思うのか」と核心に迫る。

1 通勤時間が長過ぎないか

就職には通勤がつきものだが、毎日のことなので通勤時間は重要だ。特殊な仕事以外ならせいぜい1時間以内ではないだろうか。ただし、厚生労働省の「公正な採用選考をめざして」に、居住地・通勤時間により応募者を限定することは、差別のおそれがあるとされているので注意が必要だ。

◆通勤は毎日のこと

当然のことながら通勤は毎日のことである。都市部ならともかく地方だと30分程度、長くても1時間程度ではないだろうか。マイカー通勤だとなおさらである。確かに、応募の時点では納得しているのだろうが、実際に通勤してみると重い負担だったりするものだ。通勤は業務に直接関係ないのに、それだけで疲労困憊《ひろうこんぱい》されてはどうしようもない。

また、長時間のマイカー通勤は交通事故の心配もある。通勤災害の場合、基本的に会社責任はないとはいえ、事故で休まれるようなことになれば、それはそれでリスクだ。

◆通勤時間や通勤距離による制限はできない

先述したような理由から、できれば会社の近くに住んでいる人を採用したいところだ。しかし、職業安定法第3条を根拠に、就職差別につながるとして「出身地・居住地・通勤条件」を、求人の条件とすることはできないとされている。

筆者としては、あまり長時間の通勤となれば労働者の健康問題も考えられるわけだから、ある程度の制限は必要ではないかと思うが、現行法では認められていないようだ。

だから、求人票にも「通勤時間片道1時間以内」という条件を記載できないし、履歴書に記載された通勤時間が会社の想定している時間を超えていたとしても、それを理由に選考対象から外すことはできない。

◆面接時には通勤手当の説明をしておく

多くの場合、通勤手当には上限額が設けられている。もちろん、上限額を超える場合は自己負担になるが、それはあくまで本人の問題だ。それを承知で応募したのは応募者本人である。

だから、会社が通勤手当について気にする必要はないが、面接の際には「弊社の規定では毎月○○円までしか出ませんが大丈夫ですか？」と念のため確認しておくことは必要だろう。
また、通勤時間の長さにより勤務時間の配慮をしないのであれば、その旨も伝えておいたほうが良い。

②　資格・免許は職歴とリンクさせてみる

「資格・免許」欄に書ききれないほどの資格・免許があると思わず「すごい！」とひざを打ちたくもなるが、まずはどんな資格、免許なのかを調べてみる。そして、職歴とリンクさせてキャリアアップ志向の強さを確かめたい。面接では「なぜこの資格・免許を取得したのですか」と聞くことになる。

◆資格、免許を調べてみる

今の日本には、公的なものや民間資格など星の数ほど資格・免許（検定なども含む）が存在する。例えば簿記の検定にしても主催者が多数あり難易度も違う。また、中には詐欺とまでは言わないが、高額の受験料や登録料と引き換えに仰々しい合格証書やバッジをくれるというのもある。

つまり、一口に資格・免許とはいっても実にいろいろであり、まずは履歴書に書かれたものを調べてみるべきかもしれない。インターネットで調べれば目的、主催者、試験内容、難易度などが掲載されているはずだ。それをもとに、取得している資格・免許が自社の業務に役立つかどうかなどを評価する。

◆取得にストーリー性があるか

職歴と資格・免許をリンクさせてみる。例えば建設業に勤務していた時期があれば、そのときにどんな資格・免許を取得しているかだ。もし、その時期に建設業務に関連のあるものを取得していれば、会社の指示であろうが自己啓発であろうが、仕事に前向きに取り組んでいたのではないかと考えることもできる。ということは、自社に入社後も業務に必要な資格・免許の取得に取り組むなどキャリアアップ志向が強い可能性は高い。

一方、職歴と全く関係のない時期に、関係のない資格・免許を多数取得している場合もある。これは自己啓発なのか単なる資格マニアなのかだ。もちろんそれ自体に問題があるわけではないが、資格マニアだと頭でっかちの知識オタクだったりする可能性もあるので注意する。

3　志望動機・自己ＰＲがこちらに伝わること

なぜ、自社に応募したのか、自分の強みは何なのか、そして採用されたら何をしたいかという履歴書の中でも重要な部分だ。所詮、学歴や職歴は過去のことであり変えようがないが、これからのことは、本人の取り組み方次第でどうにでもなるからである。本当に大切なのは今後どうしたいかである。

◆志望動機が具体的で説得力があるか

多くの履歴書には「志望動機」欄があると思うが、これこそが自社に応募してくれた目的、平たく言えば理由である。だから、応募者ごとにその内容は違うはずだし違って当然だ。

例えば、今までどんな業務をしてきて、それが今回募集している業務にどのように役立つのか、採用後は何をしたいのかが具体的に書かれていると説得力がある。ただし、今はインターネットなどでも、そのような文例が掲載されているので、大体の応募者はそのような書き方をしてくるはずだ。だから、見た目はともかく、自分の言葉かモノマネかを見極める必要はある。

もちろん、「自宅から近いから」「マイカー通勤ができるから」などというのも現実的であり、それはそれで評価しても良い。

◆空欄、記載例の丸写しは考えもの

「志望動機・自己ＰＲ」欄が空欄というのはどうなのだろうか。ただ何となく、求職活動をしないとハローワークの失業給付が停止されるから、仕方なく応募した、というような印象を受けてしまう。もちろん、自己ＰＲするほどのことはないと控えめなのかもしれないが。

また、以前よくあったのは、「貴社の業務は将来性があり……」などと、どこかの求人情報誌に載っている記載例の丸写しである。こんな志望動機には何の魅力も感じないものだ。

いずれにしても、志望の動機は面接においても定番の質問だから、記載されている内容をさらに掘り下げた質問を準備すれば良い。掘り下げて聞くことにより、自分の言葉かモノマネなのかが分かる。

４ 本人希望はあって当然

面接前に希望を書くのは気が引けて空欄だったりする人も多い。しかし、経験則ながら真面目な人ほどこの欄が具体的である。もちろん、そのご希望に会社が全部沿えるかどうかは考えなくてはならないが、面接前に伝えてもらうのは実にありがたいことだ。

◆真面目さの表れでもある

履歴書の一番下あたりに「本人希望記入」欄というのがあり、賃金や勤務時間など希望があれば書けるよ

Q＆A　正社員には通勤手当を支給するがパートタイマーには支給しないというのは問題か？

問題がある。2016年12月20日に政府が策定した「同一労働同一賃金ガイドライン案」によれば、通勤手当について、有期雇用労働者又はパートタイム労働者にも、無期雇用フルタイム労働者（正社員など）と同一の支給をしなければならないとされている。通勤手当は「通勤にかかる費用負担」なので、雇用形態で差をつける合理的な理由がないからだろう。労働契約法やパートタイム労働法では、契約期間やパートタイマーであることを理由とする不合理な差別を禁止している。

うになっている。例えば「子どもの学校行事がある時は休ませてほしい」「親の介護があるので県外への転勤は難しい」などというようなことだ。「面接前によくこんなことを……」と思わないわけでもないが、見方を変えればそれだけ勤務に対して真剣であるとも言える。

真面目な人ほど完璧を求めるので、入社後に自分の都合で迷惑が掛かるのを恐れ、想定されることはあらかじめ伝えた上で「私の事情はこうなんですが、いかがですか」と尋ねているようなものだ。

◆「貴社の規定に従います」は社交辞令

一般的には「貴社の規定に従います」と書かれているものが多い。もちろん、「貴社の規定に従います」は社交辞令であり、何らかの希望はあるはずだ。しかし、下手に書いたら選考で不利になるのではないかと思い、このような記載となる。

また、この欄が空欄の応募者も結構多い。空欄だと、会社の規定に従うのか希望がないのかも分からない。先述したように、履歴書は質問に対する回答のようなものだから、記載欄は全部埋めてあることが原則だ。ひょっとしたら、こんな欄があることを見落としている可能性だってある。だから、希望がなければないで、「希望なし」くらいの記載はあっても良いのではないだろうか。このあたりも、書類選考のポイントである。

5 面接日の連絡は早く正確に行う

書類選考を終えればいよいよ面接となるが、この段階は応募者からの選考辞退も多い。だから、面接を行うと決めたら、応募者にまずは電話で伝える。そうしておいて、正式には文書で、面接日時などを正確に伝え、会社へ良いイメージを持ってもらう。一方、書類選考でお断りする方へは、より丁寧な対応を心掛ける。

① まず電話を入れる

面接の通知は文書で正式に行うにしても、まずは応募者に電話を入れる。その目的は3つあるが、少しでも早く面接を行う旨を伝えるなど、会社の誠意を示し選考辞退の防止、面接日時の調整、そして電話対応の雰囲気をつかむことだ。

◆早く連絡し選考辞退を防止する

1つ目の目的は、選考辞退の防止だ。応募者だって2、3社掛け持ちで応募しているだろうし、そうでなくても、真面目な応募者ほど、書類選考結果を一日千秋の思いで待っているに違いない。だから、下手にもたもたしていて時間が空けば空くほど「他社が決まりましたから」と、辞退されやすくなる。他社とタッチの差ということもあるはずだ。第1章で述べたように、今は面接前の選考辞退が63％もあるのだ（図表3）。

それを極力避けるためにも、書類選考し面接を行うと決めたらその都度、書類選考の合格と面接日の連絡をまずは電話で入れる。応募がどれくらいあるかにもよるが、求人難の今、よほど応募条件に合わない人以外とは面接を行うはずだからなおさらだ。

◆面接日の日程調整

2つ目の目的は、面接日時の調整だ。特に応募者が在職中である場合は、会社が設定していた面接日時に来訪できないことも多い。大幅な変更は難しいとしても、多少の調整は便宜を図ったほうが良いのではないだろうか。それが、小回りの利く中小企業ならではだ。

このように日程調整をしておき、面接日時などを記載した面接日通知を文書で送る。応募者と事前に調整しているので、通知文書が届いた後になって「その時間はちょっと……」というようなことになりにくい。ちなみに、面接日の設定方法としては次のようなことが考えられる。まず面接日に何人と面接を行うか、1人あたりの所要時間と間隔時間を設定し、それに順次応募者を割り振っていく。

◆電話対応の雰囲気

3つ目の目的は、応募者がどんな電話対応をするかが分かる。電話というのは、ある意味こちらの都合お構いなしにかかってくるので準備のしようがない。準備していないので、日常の雰囲気が分かるというものだ。面接本番では、お互いに〝よそ行き〟の態度なので、とてもこんなことは分からない。もちろん、電話をかける時間帯は常識的な範囲であることは言うまでもないことだ。

もう1つは、書類選考の合格をどの程度喜んでいるのか、顔は見えずとも本当に就職したくて応募したのか、それとも単なる冷やかしなのか声の感じから何となく分かる。もちろん、そもそも暗い人で、喜んでいるのに、相手にはそのように伝わらない人だっているので一概には言えないが。

② 文書でキチンと連絡する

取り急ぎ電話をした後はキチンと文書で連絡する（文例6）。特に小さな会社ほど、応募者に対して安心感を持ってもらう必要があるので文書連絡は重要だ。「小さな会社なのに意外とキチンとしている」。これが応募者にとっては〝まさか〟であり、人はこのようなことに感動する。

◆キチンとした会社のイメージを持たせる

イメージというのは大切だが、それは会社も応募者もお互い様だ。会社は応募者が会社にとってふさわしいかを、まず書類選考によって見極める。一方、応募者も自分が就職するのにふさわしい会社なのかを、会社の対応を見ながら見極めているのだ。

そもそも、中小企業というのは会社が考えているほど知名度もなく、外部から見えにくいので応募者からは信用されにくい。だからこそ、面接日の通知は文書でキチンと行うことにより「小さいけど意外とキチンとした会社なのでは……」と、いくらかでも良いイメージを持たせることができる。信用というのは、こんなことの積み重ねだ。逆に電話だけだと、「やっぱりこんなものね」となりやすい。

◆面接日時、場所を正確に伝える

電話だと、どうしても言い違い聞き違いが出てしまう。その点、文書であれば面接日時、場所などを正確に伝えることができる。

また、面接日以外のことでも、例えば今後の予定を伝えると、先の見通しが立つなど応募者の安心感は格

文例６　書類選考後の面接日通知書の例

○年○月○日

○○　○○　様

日本おおぞら株式会社

書類選考結果報告と面接日のご案内

拝啓　時下　貴殿にはますますご健勝のこととお慶び申し上げます。

さて、弊社従業員募集に際しましては、ご応募をいただきありがとうございました。

先日電話でお伝えしましたように、弊社基準による選考の結果、貴殿と面接をさせていただくこととなりました。

つきましては、面接を効率的に行うため、別添の「応募者アンケート」に必要事項をご記入のうえ、下記日時にご来社いただければ幸いです。

なお、申し訳ありませんが面接時の交通費支給はございませんのでご了承願います。

また、当日ご都合の悪い場合は、あらかじめご連絡くださいませ。

敬具

記

1．日　　時　　○年○月○日　10時00分から
2．場　　所　　弊社会議室（別添地図参照）
3．所要時間　　約30分
4．ご 持 参　　「応募者アンケート」
5．お問い合せ　日本おおぞら株式会社　担当　○○　○○
　　　　　　　　TEL ○○○－○○○－○○○○
6．今後の予定
　　①内定予定日　○年○月○日
　　②内定者打ち合わせ予定　○年○月○日
　　③内定者健康診断予定日　○年○月○日
　　　※健康診断の費用は弊社で負担します。
　　④採用予定日　○年○月○日

以上

段に増す。こうすることにより、会社としても今後の採用手順を会社ペースで進めることができる。面接の通知に限らず、今後の予定を伝えるというのは応募者には評判が良い。

さらに、中小企業は自社で考えているよりも分かりにくい場所にあるので、地図や駐車場の場所などを添えておくと親切だ。これだけの情報量を正確に伝えようと思えば、文書で通知するほうが確実である。

◆余裕をもって郵送する

前もって電話連絡していることを前提にした場合でも、文書は遅くとも面接日の3日前までには届くようにする。今は郵便事情も良く普通郵便でも市内なら翌日には届くが、採用までには面接日、内定時打ち合わせ、健康診断などがあり、そのような今後の日程も文書には盛り込むので早めが良い。何事も余裕のある働きかけが応募者に安心感を与える。

確かに、応募者の仕事は求職活動だろうが、皆さん日常生活をしているわけでスケジュール調整も必要である。そう忙しくない人でも、このような対応をしてもらうと嬉しいものだ。また、応募者の中には在職中の人もいるので、やはり早く正確な情報提供が必要である。

3 お断りは、より丁寧に行う

お断りも1つの事務手続きではあるが、応募者から見れば門前払いである。「面接くらいしてくれても……」と逆恨みする人がいないとも限らない。だから応募書類を返却しない場合も含めて、より丁寧な対応が必要だ。ここでの対応で会社の評価が決まると言っても過言ではない（文例7）。

文例７　書類選考後のお断り文書の例

○年○月○日

○○　○○　様

日本おおぞら株式会社

選考結果のご報告

拝啓　時下　貴殿にはますますご清栄のこととお慶び申し上げます。

さて、弊社従業員募集に際しましては、早々にご応募いただきありがとうございました。

早速、弊所採用基準により厳正に選考させていただきました結果、今回は残念ながら貴意に副いかねる結果と相成りました。まことに、申し訳ございません。

なお、お預かりしました書類は、求人票に記載のとおり弊社にて本日責任をもって廃棄させていただきましたので念のため申し添えます。※

末筆ながら、貴殿ならびにご家族皆様のご健康を心からお祈り申し上げ、ご応募のお礼と選考結果のご報告とさせていただきます。

敬具

※【応募書類を返却する場合の記載例】

なお、お預かりしました書類は、下記のとおり同封してご返却させていただきますので、ご査収くださいませ。

記

1．ご返却書類　　履歴書　１通

以上

Q&A 応募書類の返却は普通郵便ではだめなのか？

普通郵便がだめだという法的根拠はない。ただし、履歴書など応募書類は個人情報なのでその取り扱いは慎重に行うべきだ。会社は返却したのに、応募者は受け取っていないというトラブルもないわけではない。だから、何かの場合に郵便物を追跡調査できる書留、特定記録郵便書留、レターパックプラスなどが無難だ。ちなみに、2017年５月30日から改正個人情報保護法が施行され、ほぼすべての企業に個人情報保護法上の義務が課されることとなっている。

◆応募書類の取り扱いに注意する

応募書類は、選考結果通知（文例7）を添えて返却するが、あえて「不合格」などという文言は使わない。また、応募書類をお返しする際には、汚したり、書き込みなどしていないかの確認も必要である。もし誤って汚した場合は正直に謝罪の言葉を添えておく。応募者にしてみれば、せっかく応募したのに面接すらしてもらえないのだから、ここは十分な配慮が必要である。

そして応募書類はクリアファイルに入れて、書留もしくは特定記録郵便で返すくらいの配慮も必要だ。応募の際、会社に送っていただいた時とは逆に、応募者から見られていることを意識する。宛名の書き方、切手の貼り方、封の仕方など今度は会社が応募者から評価される番だ。

◆書類到達後3日くらいは空ける

今の時代は応募も少なく、書類選考と言いながらほとんどの応募者と面接することも少なくない。それでも明らかに採用対象から外れる人もいるわけだが、その場合でも、書類到着後に即お断りは失礼だ。「ちゃんと書類を見てくれているのか、そんなに私はダメなのか」とカチンとくる人だっている。

だから、仮にそのような場合であっても、書類到着後3日くらいは空けたほうが良い。いわゆる〝間〟だ。こうしておいて、応募してから書類選考の結果が送られてくるまで約1週間の間隔があれば違和感がない。ひょっとしたら、この間にどこか別の会社から内定をもらっているかもしれないわけで、そうなると自社からお断りの文書が届いたとしても「ちょうど良かった」となるのではないか。

◆書類選考後の対応で決まる会社への評価

「出逢いより別れ際が難しい」のと同じで、断るというのは難しいものである。面接をしない人への対応も同じだ。面接前に辞退されるのも辛いが、書類選考の結果、面接をせずにお断りするのはもっと辛い。応募者にしてみれば門前払いだからだ。「面接くらいしてくれても……」と心中穏やかではない。

会社の対応如何によって、断った応募者から会社は良くも悪くも評価されてしまう。仮に、会社が一般顧客を相手にしている事業の場合、断った人は敵にも味方にもなる。だからこそ、お断りについては最大限の礼を尽くすべきだ。世間は狭いもので、またどこで関わりが出てくるか分からないし、バックで誰とつながっているのかも分からないからである。

6 〝応募者アンケート〟で第3次面接を行う

〝応募者アンケート〟は面接本番前に行う第3次面接のようなもので、採用すべき人なのかフィルターにかける。アンケートとして聞くべき内容は、応募動機、採用後の勤務条件、基礎的な国語力の確認だ。これにより、真面目な人は会社への信頼感を高めるし、そうでない人は早々に選考辞退してくれる。

1 〝応募者アンケート〟とは何か

応募者アンケート（文例8）というのは、面接日通知に同封して送り、面接当日に持参してもらう病院の問診票のようなものだ。書類選考に次ぐ採用すべき人とそうでない人を見極めるフィルターで、これを第3次面接と位置付けている。

◆病院でいうところの問診票

応募者アンケートは、会社が書類選考の合格者に対して、面接本番前にいくつかの項目についてお尋ねするものである。病院では初診の場合に、診察の参考にするために、病歴やアレルギーの有無などを記入する問診票なるものを書かされるが、あれと同じようなものだ。

面接においても、応募者アンケートに記入された内容をもとに質問を展開していく。こうすることで質問の方向性がぶれることを防げるし、必要な確認事項が記録として残る。なお、アンケート項目としては、応募者の答えやすさからもＡ４一枚程度で８項目くらいが適当だ。

◆面接日通知に同封し面接当日持参してもらう

応募者アンケートは、書類選考の結果により郵送する面接日通知に同封して応募者へ送り、記入してもらった上で面接当日に持参してもらう。もちろん、面接当日の面接前に会社で記入してもらうことも考えられるが、時間もかかるし、できればアンケートの内容について家族とも相談してほしいので事前に送る。特に女性が家庭と両立させながら働く場合は、家族の協力が欠かせないのでなおさらだ。

文例８　応募者アンケートの例

（正社員用）

ご応募に関するアンケート

記入日　　年　　月　　日

氏　名＿＿＿＿＿＿＿＿＿＿

ご記入いただき面接日当日にご持参願います。

Ｑ１．ご応募を決定された理由（１つだけ）

□休日　□勤務時間　□仕事の内容　□賃金　□その他（　　　　　）

Ｑ２．時間外、休日勤務について教えてください。（１つだけ）

□時間外、休日勤務はできない　□時間外は可能だが休日勤務はできない

□休日勤務は可能だが平日の時間外勤務はできない（ただし、○時までは可能）

□忙しい時期はいずれも柔軟に対応できる

Ｑ３．入社後、○○資格試験受験の意向について教えてください。（１つだけ）

□受験したい　□受験の予定はない　□どちらとも言えない

Ｑ４．当社では、求人票に明示しましたように就業時間中の華美な装飾品の着用、染毛、入れ墨・タトゥー等、喫煙はご遠慮いただいておりますがいかがですか。

□同意できる　□同意できない

Ｑ５．採用後は会社ホームページへの写真掲載や年数回の福利厚生行事（忘年会など）への参加をお願いしていますがいかがですか。

□同意できる　□同意できない

Ｑ６．内定時点で健康診断を受診していただきますがいかがですか。（費用は弊社負担です）

□受診できる　□受診できない

Ｑ７．採用時には身元保証人が２人必要ですが頼める人はいらっしゃいますか。（１つだけ）

□頼める人がいる　□頼める人がいない

Ｑ８．○○県の良さを、県外の知人に紹介することを想定した文書を60字以内で記入してください。（句読点を含みます）

書類の事前送付すら面倒がる人がいるのに、応募者アンケートなるものまで記入して持参するとなれば、とりあえず冷やかしで応募したような人は選考辞退するだろうがそれで良いし、それが狙いの1つでもある。

◆第3次面接のようなもの

問診票による病歴の把握などが診察の一部であるのと同じで、応募者アンケートも面接の一部である。ここまで求人票（第1面接）、書類選考（第2次面接）ときているので、応募者アンケートは第3次面接と同様の位置付けだ。面接というのは、ある意味採用すべき人と、そうでない人を見極めるためのフィルターのようなものであり、応募者アンケートもその1つである。

残念ながら、応募者の中には、いわゆる問題社員予備軍みたいな人も一定割合存在するわけで、その点からもフィルターは多いほうが良い。川越式採用手順は「厳しく採って優しく雇用する」が基本的な考え方であり、この応募者アンケートもそのための重要なツールの1つだ。

2 応募者アンケートで何を聞くのか

法律などで制限されていること以外であれば、応募者アンケートで何を聞くかは自由だ。内容は各社の事情、募集する職種、雇用形態（正社員、パートタイマーなど）により異なってくるが、ひな型を例にすれば次のようなことである。

◆応募動機、採用後の時間外勤務対応など

文例8のQ1～Q3の質問が該当する。まずは応募動機あたりから聞くのが無難だ。例えば「☑仕事の内

容」と回答されていれば、面接では「なぜそう思うのですか？」と聞けば良い。時間外勤務など採用後に想定されることについて確認しておく。

もちろん、ここで回答したことが採用後に絶対に守られる保証はないが、それは面接本番での質問も同じだ。ただし、このようなことを事前に確認しておけば時間外勤務などが頼みやすい。特にQ３はキャリアップの視点からも重要だ。「会社としては先々○○の資格を取得してほしいのですよ」をやんわりと伝えることになる。真面目な人ほどこのような回答を採用後も気に留めるものだ。

◆**採用時やその後の雇用関係で想定されること**

文例8のQ４〜Q７の質問が該当する。もちろん、身なりなどは本人の自由だが勤務時間中だと話は別だ。こんなことを採用後に言うと「これって個性ですよ」などと、めちゃくちゃな主張をされることもある。だから、面接を行う前に「当社の考え方はこうなんですよ」ということをハッキリ伝えて同意を得ておく。また、真面目な人にしてみれば、少なくとも違和感のある身なりの人がいない、採用しない会社ということで安心感が増す。

会社は採用時に、「雇い入れ時の健康診断」というものを実施しなくてはならないので、同意うんぬんもない。しかし、中には健康診断を受けたくない人もいるだろうが、内定を出した後になって受診を拒否されると面倒だから、面接を行う前にハッキリさせておくための質問だ。

身元保証人の見込みについて、応募者にも心づもりがあるだろうから、もし、身元保証人が必要な会社は、遅くともこの段階で予告しておく。

◆**基礎的な国語力の確認**

文例8のQ８の質問が該当する。いわゆる小作文というものだが、基礎的な国語力を見るにはちょうど良い。国語力というのは一般的に「読む・書く・話す・聞く」などといわれるが、程度の差はあれどんな仕事にも必要である。英語力は大切だが国語力はもっと大切だ。この小作文は題意を読み取り、限られた文字数で考えを書く能力を試すもので、テーマはQ８のようなものが無難である。このようなテーマはあまり文例として出回っていないし、プラス志向の考え方ができるかどうかを試せるからだ。

そして、形式的にはマス目の使い方や制限字数内での記述、内容面では言いたいことがこちらに伝われば及第点だ。文字数は応募者の負担もあるので、多くても２００字くらいが良い。

3 応募者アンケートの効果

応募者アンケートには主に3つの効果があり、どれも採用においては重要なことばかりだ。特に、人を見抜く自信のない方にとっては、怪しい応募者と面接をせずに済むので採用の失敗が少なくなる。そのような応募者は、応募者アンケートを嫌がり、選考を辞退してくれる可能性が高いからだ。

◆採用すべきでない人を見抜く

冷やかしとまでは言わないが、軽い気持ちで応募してくる人も一定割合いる。そんな人は面接日通知書とともに送られてきた応募者アンケートにドキッとするはずだ。それは、怪しい応募者にとっても同じこと。まるで、不健康を隠して生命保険に入ろうとする人が健康告知書を目の前にした時と同じだ。

経験則ながら、応募者アンケートを送った段階で約2割は面接を辞退してくる可能性が高い。一見もったいないような気もするが、そういった応募者はその先、面接後や内定後に選考辞退したり、採用後早々に辞

Q＆A　応募者アンケートにおける小作文のテーマとしてはどのようなものが良いか？

基礎的な国語力をみるためのものだから何でも良いが、文例があまり出回っていないテーマを選べばモノマネではなく自分の言葉で書いてもらえる可能性が高い。ただし、住所、家族、思想、信条、宗教に関することは面接において質問すべきではないとされているので、小作文のテーマとしては不適切だ。以前、「自宅から会社までの道順」というテーマを考えたことがあるが、これも見ようによっては住所関係の調査とも受け取られるので避けたほうが良い。

めてしまうのでかえって好都合だ。

◆採用後のミスマッチ防止

特に、資格取得挑戦や身なりに関することは考え方の違い、つまりミスマッチでもあり採用後の軌道修正は難しい。だからこそ、できるだけ早い段階にお互いの考え方を理解し合うことで、採用後のミスマッチ防止につながる。そのタイミングは遅くとも面接前だ。

応募者アンケートは第3次面接だと言ったように、求人票の条件をもとに、採用された後のことや国語力を試す内容となっている。もちろん、面接本番でも同じようなことを質問したりするが、たかだか30分程度の時間で聞ける内容は限られているし、肝心なことを聞き漏らす可能性も高い。

◆真面目な応募者の信頼感が高まる

真面目な応募者は真面目な会社を好み、そうでない応募者はそうでない会社を好む。前者にしてみれば、応募者アンケートなるものまで提出する会社に対して「やっぱりここまでやるか」と応募先の選択が間違っていなかったことを確信し、会社への信頼感を高めやすい。

一方、後者にしてみれば「何だこれは、下手をすると化けの皮がはがされるかも」と自ら退散してくれる。応募者アンケートというのは、怪しい人にとって何とも面倒な代物なのだ。だから、こうすることで、そのような人と面接をせずに済むし、結果として採用の失敗率が低下する。

図表22 面接前のチェックリスト

No.	チェック項目	☑
1	応募者一覧表を準備し必要事項を記入したか	
2	郵送された封筒の使い方は適切か（封、切手の貼り方）	
3	履歴書に空欄、誤字脱字は多くないか	
4	写真の貼り方、雰囲気は会社に合いそうか	
5	３つの日付の流れは良いか（紹介日、履歴書作成日、会社への到着日）	
6	求人の応募条件を満たしているか	
7	学校はキチンと卒業しているか、留年は多くないか	
8	高校はどこを出ているか（地元での評判など）	
9	卒業後最初の就職先はどこか（地元での評判など）	
10	転職回数は多くないか	
11	転職間隔など職歴に違和感はないか	
12	転職にキャリアアップの形跡があるか	
13	記載されている資格・免許の内容を調べたか	
14	職歴と資格・免許取得は連動しているか	
15	志望動機・自己PRがこちらに伝わるか	
16	面接実施者へ電話を入れたか、電話の雰囲気はどうか	
17	面接日通知に応募者アンケートを同封して発送したか	
18	返却する履歴書を汚していないか、丁寧にお断り文書を添えたか	
19	ハローワークへ「選考結果通知」を出したか	
20	書類を返却しない場合、適切に廃棄したか	

労務小話　第3話
出産手当金

おかず：産休や育休で休めるのはありがたいけど、お給料が出ないとちょっと困りますよね。

ご隠居：心配せんでもいい。おかずさんは、パートだけど社会保険（健康保険・厚生年金）や雇用保険に加入しとるらしいから、条件を満たせば休んでお給料が出ない代わりに、そこからいろんなものが出るぞ。社会保険から出るのが「出産手当金」で、支給期間は先ほど話した産前産後休業期間と同じく原則として産前42日（出産日または予定日を含む）、産後56日じゃ。もし、出産が予定日より遅れた場合は、その日数分の支給日数が増えるぞ。手当1日分の単価は、大体、もらっていたお給料を30で割った額の3分の2程度じゃ。仮に月額18万円だと、4千円になる（18万円÷30×3分の2）。

おかず：それじゃ、予定日より遅れたほうがお得ですね。

ご隠居：確かに出産日までは産前だから、出産日が予定日より遅れれば遅れるほど、産前の支給対象日数は増えることになる。でも、赤ちゃんがいつまでも出てこないのも大変じゃぞ。

おかず：あれっ、都合が悪くなると……。「大変じゃぞ」って、ご隠居さん、赤ちゃん産んだことないでしょ？

ご隠居：はい・はい・はい。

（つづく）

第4章

応募者に二度惚れさせる面接日の〝かくし味〟

本章のポイント

一、当日は大切なお客様を迎えるつもりで準備する
二、面接前に面接を始める
三、質問は基本的なものから始める
四、核心的な質問は掘り下げ、気持ち良く終了する
五、帰り際の手土産で選考辞退防止策を打つ
六、1通のハガキで翌日に「まさか」の感動を届ける

本章では、面接日のことを中心に解説していく。川越式採用手順において、面接とは自社を選んで応募してくれた人に「面接に来て良かった」と思わせ、面接終了後に「ぜひ入社したい」という意欲を強めてもらうための場だという位置付けだ。

そのために、面接は3つの場面に分けられる。まず準備段階である面接の「根回し」場面、実際に質問をして評価する「本番」場面、そして選考辞退の防止を主な目的とした面接終了後のフォローである「後回し」場面の3つだ。そして、3つの場面におけるウェイト付けは、それぞれ4対2対4である。ウェイト付けというのは、面接を行う会社が注力すべき度合いと、そこからもたらされる結果の比重だ。

つまり、「根回し」と「後回し」場面で面接の8割は決まるということである。面接の中心とされている

図表23　第4章の全体構成

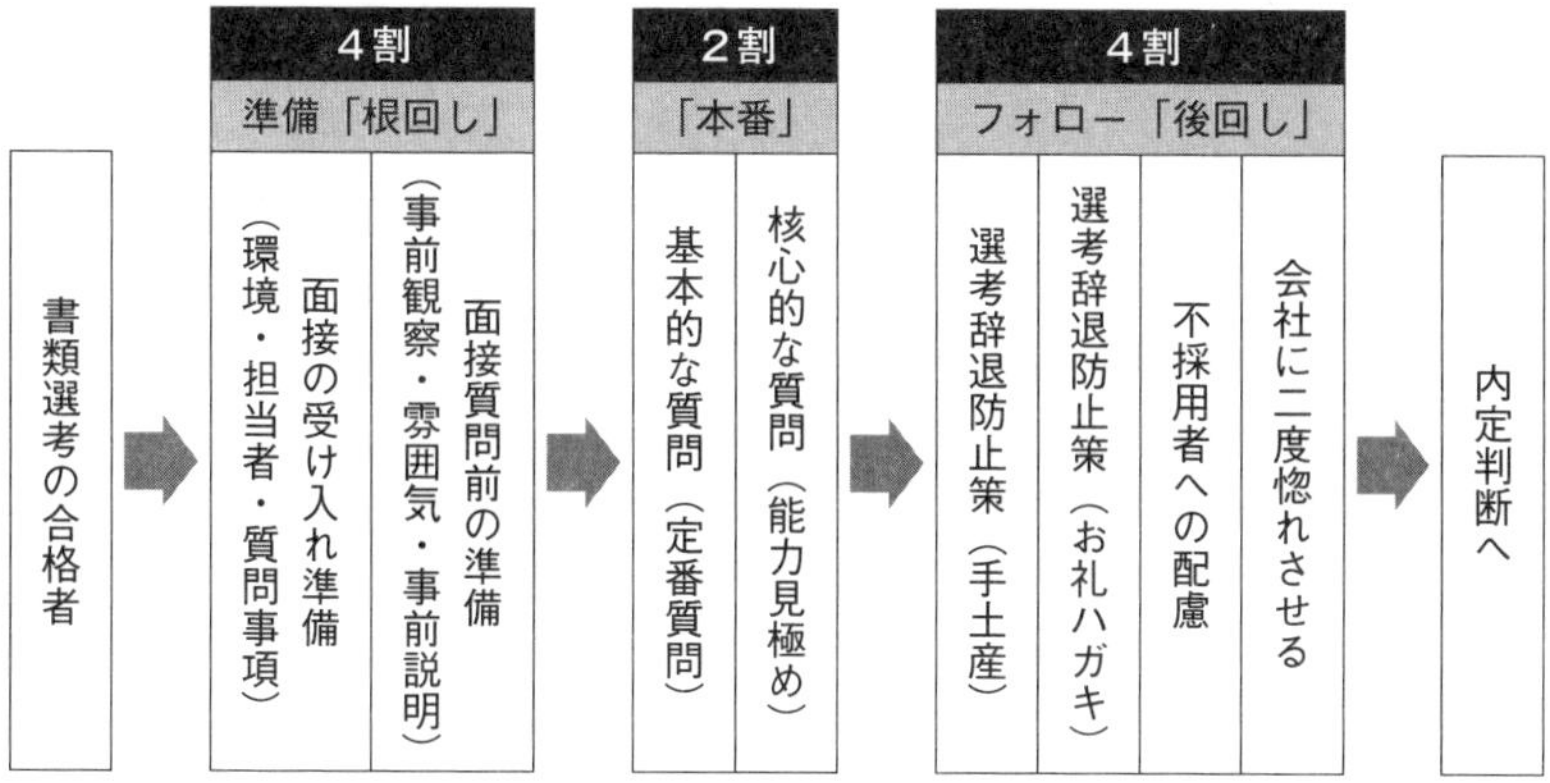

面接本番での質問は全体の2割だが、面接では人を見抜けないと言われることからして当然だ。もちろん、質問を軽視しても良いということではなく、「根回し」と「後回し」場面がより重要だということである。

まず、面接日の準備だが、応募者と会社が最初に出会う場面である。その関係は、応募者が会社に一歩踏み入れた瞬間で決まると言っても過言ではない。そのために必要な準備が、心地良い面接環境、面接担当者の好印象づくり、そして面接において聞いてはいけないことの確認だ。また、面接前に応募者の観察、リラックスした雰囲気づくり、今後の採用手順についての説明を行う。

次に、面接本番における質問だが応募者が答えやすいものから核心的なものへ進めていく。基本的なものは応募者アンケートに関するものや前職の退職理由などである。核心的な質問とは応募者の職務能力などを見るものだ。また、面接は気持ち良く笑顔で終了する。

そして、面接後のフォローは主に選考辞退防止を目的に行うが、応募者やその家族の気持ちをグッとつかむことがポイントだ。具体的には、他社では考えもしない手土産とお礼ハガキで行う。このようなことにより、当日から翌日に掛け、応募者本人はもとより、その家族も巻き込んで、会社に二度惚れさせる（図表23）。

1 当日は大切なお客様を迎えるつもりで準備する

面接は会社が選ばれる場でもあると考えた場合、その準備である「根回し」はとても重要となる。ポイントは、心地良い面接環境づくり、面接担当者の第一印象など、応募者が抱いていた会社への事前評価に対して事後評価を高めることと、聞いてはいけない質問事項に注意することだ。

1 心地良い面接環境をつくる

どんな人がいるのか分からない会社に、初めてやって来る応募者は不安もあるだろうし、かなり緊張しているはずだ。そして、会社に一歩足を踏み入れた瞬間、その雰囲気を全身で感じる。だから、応募者が予想していないような〝まさか〟の感動で第一印象を高めてもらう。

◆社内に面接時間、来訪者氏名を知らせておく

第一印象というのは大切だが、面接時も同じだ。この場合、会社の中から見た姿ではなく、面接に来た人

が会社をどう評価するかである。面接に来る人は基本的に初めて訪れる会社だから、よほど肝の据わった人でなければ、かなり緊張しているはずだ。そのような状況で、こちらから「いらっしゃいませ、面接予定の○○さんですね」などと笑顔で応対してもらえば、会社の第一印象はグンと良くなる。

だから、何月何日に面接を実施し、どんな人が来訪するかくらいは社内に知らせておくべきだし、受付のある会社であれば当然、受付の人に当日の面接予定表を渡しておく。

◆こんな気配りにグッとくる

例えば、コートを掛けるハンガーやカバンなどを置くカゴ、雨の日であればタオルをさりげなく差し出す。もし、靴を脱いで上がる事務所であれば、上履き用のスリッパをそっと差し出すようなことだ。人はこのような、さりげない気配りにグッとくる。

さりげなくというのは会社の日常であり、応募者は就職する会社を見極めるためにこれが知りたいのだ。これ見よがしだといやらしいのでさりげなく行う。このような日常は、在籍する従業員に対しても必要なことであり、日頃そのような気配りをされていればこそ、応募者へもそのような気配りができるのである。

◆面接会場の整理・整頓・清掃

通常は会議室なり応接室で行うだろうが、そう立派な会場でなくても、キチンと整理・整頓・清掃され清潔にされていると気持ちの良いものだ。当然、その会場へ行く途中の事務所や通路、トイレなども、面接会場の一部と考えるべきだから同様である。

逆に、蛍光灯が切れかかっていたり、掲示されているカレンダーがまだ先月のものだったりすると、何となくいい加減な会社だと評価されやすい。内部にいると慣れてしまって分かりにくいが、外部から来た人はこのようなことに敏感で、それを会社の第一印象にしてしまう。

2 面接担当者3つの心得

中小企業では社長自身が面接を行うことも多く、その第一印象が会社全体の評価となる。だから、当日は面接に集中し、身なりを整えて小綺麗にしておくことは当然であり、言葉遣いにも十分注意したい。特に上から目線の物言いは絶対に避ける。

◆その1・当日は面接に集中する

中小企業では多くの場合、社長が面接を行うが面接時は面接に集中するべきだ。だから、面接時間帯には仕事の予定は入れないのは当然であり、電話の取り次ぎもしないし、携帯電話の電源も切っておく。場合によっては土曜日など会社休日に面接日を設定しても良い。

もちろん、面接を仕事の片手間にやる人はいないだろうが、面接中に「ちょっとすみません」と携帯の電話に出たりするのは問題だ。神経を集中させていても難しい面接なのに、携帯に掛かってきた電話に出たりして面接を中断させては、面接の精度ばかりか会社の印象も低下させる。

◆その2・身なりを整えておく

第一印象の55%は見た目で決まるともいわれている。特に、面接の場は応募者から会社が選ばれる場でもあり、良くも悪くも、面接担当者の印象で会社全体が評価されるといっても過言ではない。だから、特別におしゃれをする必要はないが、ほどよく整えておく。

例えば、面接担当者が男性であれば、シャツは袖口のボタンをキチンと留めるとか、衣服は洗濯して綺麗にしたものを着用するし、ケバケバした服装は避けたい。面接はお互いに初対面なのだから当然といえば当然だ。また、髪はとかしておくし、無精ひげは綺麗に剃っておくなど小綺麗にしておく。

◆その3・言葉遣いに注意する

いわゆるタメ口《ぐち》はNGである。相手が年下であろうが年上であろうが、敬語で臨むのが大原則だ。確かに、応募者をリラックスさせるために、意識して砕けた感じを出すことも考えられる。しかし、先述したように面接は初対面であり、中にはそのような言葉遣いに違和感を持つ人だっているはずだ。

特に、川越式採用手順をクリアして、面接までたどり着いた応募者はそれなりに真面目な人だから、馴れ馴れしい上から目線の物言いには違和感を持つ人が多い。ましてや、面接時には採用するかどうか分からないわけだから、より丁寧な言葉遣いが必要なのである。

3　聞いてはいけないことに注意する

会社には「採用の自由」があるとはいっても完全に自由ではなく、国の指針など一定の制限がある。その代表的なものが、厚生労働省が事業主向け啓発用パンフレットとして作成している「公正な採用選考をめざして」であり、面接における質問もこれに抵触しないことが必要だ（**図表24**）。

◆本人に責任のない事項

次のようなことは、適性と能力に関係がない事項とされており、面接時の質問で把握することは就職差別につながるおそれがあるとされている。なお、「現住所の略図」を書かせることも、生活環境などを把握したり身元調査につながる可能性があるようだ。もちろん、これは募集・採用時における制限であり、採用決定後に通勤経路図などを提出させることは問題ない。

- 本籍、出生地に関すること……悪気はなくても、つい聞いてしまいそうだが、「本籍はどこですか？」とズバリ聞かなくても、それらしいことを聞くのも同じだ。なお、「戸籍謄（抄）本」や本籍が記載された「住民票（写し）」を提出させることはこれに該当する。
- 家族に関すること……その職業など何となく気になるところではあるが、これもNGだ。なお、家族の仕事の有無・職種・勤務先などや家族構成はこれに該当する。
- 間取り、部屋数など住宅状況に関すること……これも一般的な世間話では普通に行われるが、面接での質問だと話は別だ。取りようによっては、応募者の身元調査につながりかねないからである。

Q　あなたの信条としている言葉は何ですか？
Q　あなたは、自分の生き方についてどう考えていますか？
Q　あなたの人生観を話してください
Q　家の宗教は何宗ですか。あなたは、神や仏を信じる方ですか？
Q　政治や政党に関心がありますか？
Q　あなたの家庭は、何党を支持していますか？
Q　あなたは、今の社会・政治をどう思いますか？
Q　尊敬する人物を言ってください
Q　あなたは、どんな本を愛読していますか？
Q　学校外での加入団体を言ってください
Q　あなたの家（あなた）は、何新聞を読んでいますか？
Q　あなたは、元号や西暦表記についてどう考えますか？

⑥　**一方の性に限定しての質問**
Q　今、つきあっている人はいますか？
Q　結婚の予定はありますか？
Q　結婚、出産しても働き続けられますか？
Q　何歳ぐらいまで働けますか？

⑦　**その他**
Q　彼氏（彼女）はいますか？
Q　当社に知人がいますか？その人とはどういう関係ですか？
Q　なぜ大学に行かないのですか？
Q　タバコを吸ったことがありますか？
Q　血液型・星座は何ですか？
Q　短所はなんですか？

図表24　面接では不適切とされる質問例

① 本籍地
Q　あなたの本籍地はどこですか？
Q　あなたのお父さんやお母さんの出身地はどこですか？
Q　生まれてから、ずっと現住所に住んでいるのですか？
Q　あなたの生まれたところはどこですか？
Q　今の所に来る前は、どこに住んでいましたか？

② 住居とその環境
Q　○○町のどの辺に住んでいますか？
Q　自宅はどの辺ですか？
Q　あなたの住んでいる地域は、どんな環境ですか？
Q　あなたのおうちは国道○○号線（○○駅）のどちら側ですか？
Q　お父さんははじめからそこに住んでいるんですか？
Q　どこから引っ越してきたのですか？
Q　あなたの自宅付近の略図を書いてください
Q　家の付近の目印となるものはなんですか、バス停はどこですか？
Q　通学は自宅からですか？

③ 家族関係・家庭環境
Q　兄弟（姉妹）は何人ですか。お姉さん（お兄さん）はいますか？
Q　保護者の欄がお母さんとなっていますが、お父さんはどうしたのですか？
Q　保護者の方と名字が異なりますが、どうしてですか？
Q　家族構成を話してください
Q　お父さん（お母さん）がいないようですが、どうしたのですか？
Q　お父さん（お母さん）は病死ですか。死因は何ですか。病名は何ですか？
Q　お父さんが義父となっていますが、詳しく話してください
Q　あなたの家庭の雰囲気はどうですか。明るいですか？
Q　あなたの家庭は円満ですか？
Q　親子の話合いは十分になされていますか？
Q　両親（父親・母親）はどんな人ですか？
Q　お父さん、お母さんの学歴は？
Q　あなたの兄弟（姉妹）はどこの学校へ行っていますか？

④ 家族の職業・家庭の資産
Q　あなたのお父さん（お母さん）は、どこの会社に勤めていますか。役職はなんですか？
Q　あなたの家族はどんな職業ですか？
Q　あなたの兄弟（姉妹）は働いていますか？
Q　あなたのご両親は共働きですか？
Q　あなたの家の家業は何ですか？
Q　あなたの家族の収入はどれくらいですか？
Q　あなたの学費はだれが出しましたか？
Q　あなたの家はどれくらいの広さですか？自分の部屋を持っていますか？
Q　あなたの家の耕地面積はどれくらいですか？
Q　あなたの住んでいる家や土地は自分のものですか、借家ですか。部屋数、畳の数はどのぐらいですか？
Q　あなたの家の不動産（田畑、山林、土地）はどのくらいありますか？

⑤ 思想・信条等
Q　学生運動をどう思いますか？
Q　労働組合をどう思いますか？

出所：熊本労働局ホームページ　不適切な質問の例（抜粋）

Q&A 身なりを整えておくことが大切ということだが、どの程度必要なのか？

もちろん、スーツにネクタイ着用でないとダメなわけではない。当然制服のある会社であれば制服着用で構わないし、かえってそのほうが良い。仮にネクタイを着用するのであればキチンと締める。ファッション的にはともかく、だらしなく緩めているとだらしなく見られやすい。また、名札を付けていると応募者の安心感が高まる。

- 生活環境・家庭環境などに関すること……これらのことは、本人の努力によって解決できない問題を採否決定の基準とすることになり、そこに予断と偏見が働くおそれがあるとされている。

◆本来自由であるべき事項（思想信条にかかわること）

一緒に働くにあたり気にはなるところだが、信教の自由、思想・信条の自由など、憲法で保障されている個人の自由権に属する事柄とされている。もちろん、この中には「こんなことも聞いてはいけないのか」と思うものもあるが……。

- 宗教に関すること
- 支持政党に関すること
- 人生観、生活信条に関すること
- 尊敬する人物に関すること
- 思想に関すること
- 労働組合に関する情報（加入状況や活動歴など）、学生運動など社会運動に関すること
- 購読新聞・雑誌・愛読書などに関すること

◆その他

- 男女雇用機会均等法に抵触すること……女性に限定した質問は、男女雇用機会均等法の趣旨に違反する採用選考につながるばかりか、今はセクハラ呼ばわりされかねない。

・健康情報に関すること……ＨＩＶやＢ型・Ｃ型肝炎にり患しているかどうかといった情報は、採用面接で聞くべきではないとされている。これに対して、うつ病などのメンタルヘルス疾患にり患しているかどうかという情報は、採用後の業務に与える影響が大きいため、採用面接で質問すべきであるといえる。ただし、仮に聞く場合でも「差し支えなければ」とか「もし答えにくかったら答えなくても結構です」という前置きはあったほうが良いだろう。
・あまり仕事とは関係のないようなこと……彼氏（彼女）のことなど、興味本位で聞いているとも受け取られやすいので、不適切とされている。また、「短所」だけ聞くのもまずいようだ。

2 面接前に面接を始める

面接では、前節の「1．面接当日は大切なお客様を迎えるつもりで準備する」と、この節が準備段階である「根回し」場面だ。川越式採用手順においては、この2つが面接全体の4割のウェイト付けであり、面接の成否を分ける重要なカギを握る。もちろん、この場面では応募者に直接質問こそしないが、面接前の行動や言動を観察するわけだから、会社としては面接が始まっているようなものだ。

1 面接前の観察ポイント

面接は面接本番の時間だけではない。というより、どちらかと言えば面接本番より、その前後のほうが重要だ。面接本番の受け答えだけでは人の能力など分からないし、能力はなくても面接慣れしている人であれば、そつなくこなしたりする。だからこそ、面接本番に入る前が重要なのだ。もちろん、ここでの観察ポイントは応募者一覧表（図表18・P100）に記録して選考時の参考にする。

◆応募者の到着時刻

面接開始時刻の5分~10分くらい前の到着が理想だ。事前に連絡があった場合を除き遅刻は論外であり、本来なら面接をする必要もない。そのような人は、仮に採用したとしてもその程度のことだ。かといって、15分も20分も前に到着して堂々と事務所に入って来る人も配慮に欠ける人ではないだろうか。前の人の面接が終わっていなかったり、こちらの準備もあるわけで、多少の時間調整くらいはしてほしいものである。

◆自動車、自転車などの止め方

地方だと面接に自動車で来ることも多く、その止め方でも応募者の性格なりを垣間見ることができる。駐車は前向きか後ろ向きか、白線内にキチンと収まっているか。駐車場所が指定されている場合はともかく、駐車したのは事務所から近いところか、それとも遠いところか。また、自転車でもその止め方に性格が出る。さらに、自動車にしても自転車にしても洗車の状況も参考になる。

◆受付での挨拶

事務所に入って「こんにちは」と挨拶ができるかどうかだ。小さな会社なら、どの程度の挨拶をしたか面接担当者にも分かるだろうが、そうでない場合は受付の人に観察・評価してもらう。確かに、緊張状態ではあるが、それは面接を受ける人みんな同じだ。また、面接担当者でないことを良いことに、受付の人に対してぞんざいな物言いをしていないかということも観察ポイントである。

◆服装などの格好

いくら中途採用でも、面接にはそれなりにふさわしい服装なり格好がある。リクルートスーツとまでは言わないが、GパンにTシャツ、サンダル履きというのはどうなのだろうか。また、耳たぶが切れそうなくらい大きなイヤリング、肩がこりそうなネックレス、足を引きずりそうなアンクレット（足首につける飾り）。

確かに、重要なのは外見ではなく職務能力なのだろうが……。

◆マナー

会議室などが面接会場の場合は、入口のドアでノックをしたかどうか。「どうぞお掛けください」とすすめてから「失礼します」などと言いながら腰掛けたか。つまり、通常のマナーが守られているかどうかだ。また、必要以上にきょろきょろしたり、髪をかきあげるしぐさが多くないか。もちろん、面接ということを考えると、長い髪は束ねてくるくらいの配慮は必要だと思う。さらに、面接開始前でも携帯電話が鳴ったり、それに出て話し始めるとか、メールを操作するような人は論外だ。

2 まずは応募者をリラックスさせる

面接のポイントは、応募者にリラックスしていただき、普段の姿を出してもらうことだ。そのために、会社側から挨拶や自己紹介、そしてお茶でも出して、いくらかでも緊張感を解いていただく。

◆応募者に普段の姿を出してもらう

基本的に応募者の職務能力を見抜くことなどできない。幸い、ここまで川越式採用手順を確実に踏んでいれば、応募者はそこそこに絞り込まれているので、そう突拍子もない人と面接することはないはずだ。だから、面接で注力すべきは、会社が絞り込んだことに間違いがないかの確認になる。確認はできるだけ応募者の普段の姿で行うのが良い。採用後は、普段の姿でつきあったり仕事をしてもらうからである。

そのためには、応募者にリラックスしていただき、普段の姿を出してもらうことが重要だ。間違っても応募者の欠点を見つけ出して不採用にするための面接ではないし、それだと採用できる人がいなくなる。

◆挨拶、自己紹介

面接の始まりは挨拶と自己紹介だ。もちろんこれは会社が先に行う。何しろ応募者は大切なお客様なのだから当然である。また、満面の笑みまでは必要ないが、ほど良い笑顔を心得たい。

「こんにちは、お待たせしました。○○さんですね。本日は面接にお越しいただきありがとうございます」

「私は面接をさせていただきます社長の○○と申します。どうぞよろしくお願いします」

「どうぞお掛けください」

会社側からここまで礼を尽くせば、応募者も挨拶、自己紹介しやすくなり場の雰囲気も良くなる。雰囲気が良くなればこそ、お互いの良い面が見えてくるものだ。

◆お茶を出す

面接では原則としてお茶を出す。もちろん、コーヒーでもジュースでも良いが目的は2つある。1つは、緊張している応募者に一服させて落ち着かせることだ。いわゆる、ほど良い間《ま》をつくるのである。また、今から質問に答えてもらうので喉を潤してもらう。緊張すると喉が渇くものである。

そしてもう1つは、お茶を出してくれた従業員の目だ。応募者と向き合っている面接担当者とは違った視点から見えるものもある。特に、お茶を出す従業員が面接を受けている人と異性であれば、同性では気づきにくい視点からの観察が可能だ。お茶を出した時に受ける応募者の反応や、質問に答えている時などの雰囲気など、面接担当者でないからこそ見えるものもある。もちろん、これはさりげなくやらないといやらしい。

3 求人票の内容と今後の予定を再確認

質問を始める前に、応募や面接の前提となっている履歴書などの書類をお互いの間に置いて、労働条件などを説明する。また、採用に関する今後の予定もハッキリ伝えて応募者に安心感を持ってもらう。もちろん、ここまでのことは、どちらかといえば会社からの一方的な説明のようなものだ。しかし、応募者としては直接会社から、それも多くの場合は社長が直接説明するのだから安心感が違う。安心感があるから徐々に「ぜひこの会社にしよう」という気になってくる。

Q＆A 面接時間の設定はどのように行うのか？

面接時間は、集中できる時間からして30分程度が好ましい。川越式採用手順においては、面接本番は図表23（Ｐ145）にあるように面接全体の２割程度、つまり面接だけでは人を見極めることは難しいことを前提にしているので、面接本番にそう時間を掛けない。ただし、面接本番以外でもいろいろな場面で応募者を観察しているので、本番は30分程度あれば十分なのである。スケジュールとしては、面接本番30分（予備的にプラス15分）、休憩15分、これで１時間に１人の面接を設定できる。

◆求人票と履歴書、応募者アンケートを間に置く

中小企業の面接では、通常は面接担当者と応募者がテーブル越しに行うことが多い。その場合、テーブルの上に求人票と履歴書、応募者アンケートを置いて面接を始める。

面接ではリラックスさせることが大切だ。しかし、それが過ぎると世間話レベルになってしまう。特に、お互い出身校や趣味が同じだったりするとなおさらだ。だから、リラックスしながらも、今は面接中であることを常に意識して、話が横道にそれ過ぎないようにしておく。また、応募者にとっても自分が書いて提出した履歴書や応募者アンケートが目の前にあると質問に答えやすい。

◆求人票の内容をキチンと説明する

まずは求人票に記載された労働条件などを、一つひとつ指さしながら確認するように説明する。求人票に記載された労働条件が応募、面接、採用の前提条件であり、ここの認識がずれていると、面接をして採用へと進んでも、いずれかの段階で「話が違う！」となるからだ。「仕事の内容は……、始業は○時、終業は○時です」などと声に出して説明することがポイントである。

こうすることにより、応募者に再確認してもらうとともに、会社側も仮に労働条件を間違って提示していた場合に気づきやすい。また、真面目な応募者は会社の評価をさらに高める。労働条件などは、良くも悪くも堂々と説明すれば、「何と真面目な会社だこと」と、なりやすいからだ。

◆今後の予定を伝える

今後の予定は面接日通知にも記載しておくが、この段階でもあえて説明する。内定予定日、内定者打ち合わせ予定日、内定者健康診断予定日、採用予定日などだ。これも、できれば紙に書かれたものをテーブルに置いて話すほうが分かりやすい。

また、今後の予定を具体的に話されると、面接は受けに来たものの、そこまで入社意欲の強くなかった応募者も「できれば入社したいな」というような気になりやすい。ちょうど、テレビショッピングで購入後のイメージを伝えられると、次第に購入意欲が強まるのと同じようなことである。

3 質問は基本的なものから始める

いよいよ面接本番だ。面接の質問を大別すれば、職歴に関することなど基本的なものと、答え方から職務能力の一端を見極める核心的なものに分かれるが、ここでは前者を中心に解説したい。まずはウォーミングアップとして志望動機など答えやすいものから入り、質問の定番である前職の退職理由などへと進めていく。もちろん、面接は会社が応募者に対して質問をする場面ではあるが、応募者から会社の聞き方や態度を見られている場面でもある。

1 まずは答えやすい質問から始める

面接は初対面であり、お互いの人間関係をつくる意味からも応募者が答えやすい質問から始める。それは志望動機や先に書いてもらっている応募者アンケートに関することだ。また、面接はあくまで応募者が主役なので、面接担当者が話し過ぎないように注意する。

◆話し三分に聞き七分

面接本番において気をつけるべきは面接担当者のスタンスである。スタンスというのは、面接に当たる姿勢、立場ということだが、主役は面接を受ける応募者であり、こちらは、あくまで聞き役に徹するべきだ。だから配分としては、〝話し三分に聞き七分〟くらいでちょうど良い。応募者に話をさせるからこそ、考え方や人柄なりが分かる。

しかし、面接ではどうしても面接担当者の話が多くなりがちだ。また、応募者は面接担当者の言うことを「はい」と気持ち良く相づちを打って聞いてくれるので、さらに話しやすくなって熱が入り独演会のごとく話し過ぎてしまいやすい。人は話し過ぎるからボロが出やすいのだが、それは面接でも同じことだ。

◆とりあえず志望動機が無難

面接の導入部分は、応募者の緊張をほぐすため、応募者が答えやすい身近なことから質問を始める。いわゆるウォーミングアップの時間として捉える。だから、とりあえず志望動機くらいから聞くのが無難であり「当社への就職を希望されたのは、どんな理由からですか？」というように切り出す。

そして、「会社の場所はすぐに分かりましたか？」「当社の第一印象はどうでしたか？」「応募に際し、多少当社のことを調べてみましたか？」などと簡単な質問をしていく。もちろん、面接担当者としては、相手の話に「そうですか」と自然な相づちを打って応募者が話しやすい雰囲気をつくる。このようなやり取りをしていく間に、お互いに緊張がほぐれて面接がスムーズに進む。

◆応募者アンケートに関する質問

次に応募者アンケートに関する質問を行う。もちろん、これは質問というよりアンケートで答えていただいている内容の再確認みたいなものである。

例えば「応募動機は仕事の内容にチェックが入っていますが、具体的には弊社のどのような仕事に関心がありますか？」「応募者アンケートの作文は難しくなかったですか？」といったことを聞いていく。もちろん、回答に正解・不正解はないわけだから、応募者の回答を否定するような言動をしてはいけない。

いずれにしても、重要なのは答えた内容というよりも答え方である。こちらの目を見て自分の言葉で丁寧に答えているか、声の感じはどうか、結論先行の答え方になっているかどうかなどだ。

２　退職理由について聞いてみる

前職の退職理由というのは面接の質問では定番だ。「退職理由は繰り返す」ともいわれるので、できるだけ具体的な理由を聞きだす。ただし、応募者本人にとっては、そう良い思い出でもないだろうから、本人が話したくないものを、必要以上に根掘り葉掘り聞くのは避ける。

◆退職理由もいろいろ

履歴書の職歴欄に書いてある退職理由は大体「一身上の都合による退職」だ。この言葉は都合の良い言葉で、いろいろな事情を丸く収めて円満退職のイメージを持たせる。しかし、私は仕事柄、日頃から大量の退職手続きに携わるが、実のところ円満退職とは言えないケースも少なくない。

さらには、本人の希望ではない退職のケースもある。これだって大きくは2つあって、本人に不都合があっての解雇と、会社の業績不振により仕方なくの解雇だ。もちろん、「解雇」と書かれた履歴書を目にすることはめったにないが、解雇されたことがない人ばかり応募しているとは考えにくい。

「人生いろいろ」といわれるが、退職理由も実にいろいろである。

◆退職理由は繰り返す

よく「退職理由は繰り返す」といわれる。職場の人間関係が理由で退職した人は、その後も人間関係で苦労をするし、賃金に不満があって退職した人は次も同じような理由で転職してしまう。また、解雇された経験のある人は、なぜかその後の就職先でも解雇されやすい。多くの場合、退職理由は繰り返す。

つまり、自社においても前職と似たような理由で辞める可能性が高いので、退職防止のヒントをつかむためにも前職の退職理由を聞くことは重要だ。もちろん、退職原因はどちらか一方だけにあるわけではなく、多くの場合は従業員と会社双方にある。世の中、問題のある従業員ばかりもいないし、問題のある会社ばかりでもないからだ。

◆回答につじつまが合うかどうか

一般的に転職回数が多いのは良い印象を受けない。そんなことは、転職回数の多い人は百も承知で、中にはトラブルを起こした勤務先の職歴を省略している人もいる。あまり良い思い出もないので省略したい気持ちも分からないではないが、採用する側としてはそのあたりが重要なことなのだ。

だから、職歴間に期間が空いている場合は、「この間が1年くらい空いているようですが何をなさっていたのですか？」などと質問してみる。また、自己都合で退職したと記載されているのに、退職後すぐに失業給付を受給したという回答はつじつまが合わない。失業給付は自己都合なら最低でも退職後3カ月間は受給できないからだ。

3 前職の会社について聞いてみる

自己都合であろうが会社都合であろうが、多くの応募者は前職の会社にはそう良い印象は持っていないはずだ。しかし、面接という場面において、前職の秘密事項や悪口・批判を口にするのは、社会常識からしてもリスキーな人である可能性が高い。

◆業務内容などを聞いてみる

退職理由を一通り聞いた後は、前職の業務内容などを聞いてみる。ここでのポイントは、応募者がどこまで答えるかだ。つまり、在職中に知り得たことの中には、当然会社の秘密事項もあるわけで、本人は気づいていないことも多いが、そんなことを面接時にベラベラと話すような人は信用できないし要注意である。

中途採用の場合は、大体同じような業種に再就職することが多いので、競合他社の情報が聞けるのはありがたい。しかし、先述したように「退職理由は繰り返す」ことを考えれば、かなりリスキーな人であることは確かだ。採用したとしても、もし自社を辞めたら転職先で同じようなことを話しかねない。このような人

Q＆A 前職での仕事ぶりを直接聞くのは違法か？

前職への照会が直ちに違法ということにはならない。しかし、応募者の個人情報であり前職の会社は回答しない可能性が高い。個人情報保護法では、「個人情報取扱事業者が個人情報を第三者へ提供する場合には、本人の同意を要する」と定められている（第23条第１項）。したがって、これに違反するという理由で、照会に応じてもらえないというケースは多い。また、照会したところで、辞めた人の仕事ぶりなどを客観的に回答してくれるとは限らない。

を従業員として採用するというのはどうなのだろうか。

◆悪口・批判はＮＧ

例えば「前職の会社はどんな会社でしたか？」「あなたに急に辞められたら困ったのではないですか？」などと聞いてみる。仮に、自己都合退職の場合は前職の会社を見切って、会社都合退職であれば会社から見切られたのだから、どちらにしても、そう良い関係ではないはずだ。

そこに、このような質問がくればどうなるか。ここぞとばかりに、前職の悪口や批判めいた回答が次から次に出てくるような人はＮＧだ。理由は先述のとおり「退職理由は繰り返す」ことを考えれば、自社にとっても、〝明日は我が身〟ではないか。できれば、「大変お世話になり、申し訳なかったのですが、どうしてもこの仕事がしたくて……」というような回答くらいはしてほしいところである。

◆前職の辞め方を聞いてみる

これは自己都合とか解雇という話ではなく、1つには辞めた時期だ。例えば「前職の繁忙期はいつ頃ですか？」と聞けば、退職した時期がどうだったのかが分かる。仮に3月が決算で忙しいのに3月に自己都合で辞めている場合だ。評価として責任感が低いとするのが自然である。また、「あなたに辞められ会社は困ったでしょう？」と聞いて「そんなこと知ったことじゃありません」などと無頓着に答えるような人は論外だ。

もう1つは、そのような時期に解雇なり退職勧奨を受けていたらどうだろうか。

素直に考えれば、猫の手も借りたい時期に〝戦力外通告〟を受けたようなもので、そのような人を採用するにはかなりの勇気が必要だ。

4 核心的な質問は掘り下げ、気持ち良く終了する

前節の基本的な質問は、退職理由など事実関係の確認が中心なのに対して、本節で取り上げる質問は面接の核心ともいえる部分だ。質問を掘り下げることにより、応募者の論理的思考力なり、物事の集約・分解能力をみる。そして、重要なのは気持ち良く面接を終了することだ。

① 必要な職種では質問の掘り下げが有効

論理的思考力が求められる職種においては、回答を単にＹＥＳ・ＮＯで終わらせるのではなく「なぜそう思うのか」というように質問を掘り下げることも必要だ。もちろん、質問がしつこくなると圧迫質問と受け取られかねないので、掘り下げの度合いに注意する。

◆質問を掘り下げる

質問を掘り下げるというのは、回答を単にＹＥＳ・ＮＯで終わらせるのではなく、さらに掘り下げて質問

を繰り返すことにより、本当に自分の考えで回答しているのかを判断するものだ。

例えば、次のようなやり取りである。

会　社：あなたはこの1年くらいの間に何か自己啓発に取り組みましたか？

応募者：はい

会　社：それは具体的にどのようなものですか？

応募者：○○です

会　社：それは弊社での業務にどのように活かせそうですか？

応募者：はい、事務処理を行う際に大いに役立つと思います

会　社：なぜ、そう思われるのです？

◆論理的思考力を見る

このような質問方法は、論理的思考力が求められる職種の場合に必要だ。論理的思考力というのは、主に道理や筋道に則って思考を巡らせて結論を導いたり、複雑な事柄を分かりやすく説明したりできる能力である。答えそのものではなく、その理由付けが重要だ。

質問を掘り下げる際のポイントは「なぜそう思うのか？」である。例えば、なぞなぞ遊びで、答えを出すと「なぜそうなの？」と聞かれるがそれと同じだ。答えだけなら〝当てずっぽう〟でも言えるが、理由をつけるとなるとそう簡単ではない。

◆質問がしつこくならないように注意する

確かに、質問を掘り下げていけば、応募者の回答が本当に自分自身の考えなのかが分かりやすい。しかし、このような答え方に慣れていない人の場合、2回くらい掘り下げていくと答えに詰まってしまう。

だから、それ以上追い詰めるとしつこくなり、圧迫質問と受け取られかねないので、答えられないようであれば「話を変えましょう」と言って質問を変える。圧迫質問というのは、面接担当者が応募者にとって意地悪な質問や答えにくい質問をし、その反応を見る圧迫面接における質問のことだ。確かに、それなりに効果もあるが、今の時代ではマイナス面が大きい。

２ 物事の分解・集約能力を見る

ここでの質問は、掘り下げをさらに深掘りする。物事をどれだけ意味のある基準で分解したり集約できるかを試す質問であり、答えの内容というより答え方が重要だ。もちろん、職種的に必要な応募者に質問すれば良いわけで、自社の事情により選択する。

◆回答の形式を指定する

質問をした後に「結論先行でお願いします」、「一口で言うなら」などと回答の形式を指定する。先述した、なぞなぞ遊びと同じで、まず答えを出して、その後になぜそうなるのかを答えてもらう。もちろん、まず理由を考えてから答えを導き、回答はその逆の順で行うわけだが、いわゆる頭の良い人の答え方である。このような能力は、少々歳を重ねたところで、急に落ちるものでも向上するものでもない。

逆に、そうでもない人は、理由をダラダラと何の集約もないまま、やたらとどうでも良いような形容詞が多く、結局何が言いたいのか分からないまま話が終わる。また、切り口が不明確で回答に締まりがない。また、単に頭に浮かんだことを何の整理もしないまま口に出すものだから回答がダブったり抜けたりする。

◆3つの視点から答えてもらう

物事を意味のある切り口に分解・集約する能力を見る。意味のある切り口というのは、分解・集約の基準が重複したり漏れたりせずに明確であることだ。切り口の数は3つくらいが適当だが、これに先述した質問の掘り下げを組み合わせたりする。

例えば、次のようなやり取りだ。

会　社：ご応募いただいた事務職において、どんな能力が必要だと思いますか、優先順に3つ挙げてください

応募者：まず①○○、次に②□□、そして③△△です

会　社：では①の能力を強化するためには、どんな訓練が必要だと思いますか？

応募者：○○だと思います

会　社：なぜそう思われるのですか？

このようなやり取りを通して、物事の分解・集約能力の程度をみることができる。

◆応募者から会社への質問時間をつくる

会社からの質問が一段落したら、「それでは、何か○○さんから会社にお聞きになりたいことはありませんか？」と会社への質問を促す。十分に説明したと思っていても肝心なことが抜けていたりするので、この時間は必ず設けるようにする。

このように、応募者から質問をしてもらうことでも、物事の分解・集約能力を見ることは可能だ。例えば、「質問したいことが2つあります」と、質問を受ける側に質問の数なり、質問項目を簡単に予告して聞きやすいようにしてくれているか。また、結論先行で何を質問したいのかが明確かどうかなどである。

◆物事の分解・集約能力は採用後の業務にも役立つ

もちろん、わずかな面接時間で物事の分解・集約能力がどの程度なのか判断することは難しい。しかし、1つ2つ質問を繰り返せばある程度のことは分かるし、応募者アンケート（文例8・P135）の小作文と併せて見ると大体のことは分かる。

このような能力は、採用後の業務にも役立つ。例えば、営業職であれば顧客へのプレゼンテーションに欠かせないだろうし、事務職であっても事務処理の段取りなどダブったり抜けたりせずに済む。その他の職種であっても、この能力があるのとないのとでは業務の効率は大きく違ってくる。

3　面接は気持ち良く終了する

〝終わりよければすべてよし〟というが、面接も同じようなことで気持ち良く終了することがコツだ。特に、聞いてはいけないことを聞いてしまっていることもあるのでなおさらである。また、面接全体の4割を占める「後回し」場面への橋渡し的部分でもあるので面接終了時は重要だ。

◆〝終わりよければすべてよし〟

〝終わりよければすべてよし〟、物事は最終の結末がもっとも大事であり、途中の過程はあまり問題にならないということだが、面接も同じようなことで、気持ち良く終了させることが重要だ。もちろん、これで面接中の不手際すべてが問題にならないわけではないだろうが、和らぐことは確かである。そのためには、緊張状態にあった応募者の気持ちを察して、最後にねぎらいの言葉を掛けることを忘れてはならない。

Q＆A 面接の途中で「こりゃ無理だ」と判断した場合はどうするのか？

途中で不自然にやめるのは良くない。いくら事前の書類選考など準備周到に臨んでも、実際にはそういうこともある。こんな場合の残り時間は長いものだ。かといって、途中で打ち切ると相手に失礼でもあり、下手すると後で逆恨みされるかもしれない。だから、せめて20分程度は当たり障りのない質問で時間調整することも必要だ。採用しないということは、今後自社の顧客になってくださるかもしれないからである。

例えば「いろいろ聞かせていただきありがとうございました。こちらからの質問はこれで終わります」「採否の結果については、○月○日頃までにご連絡します。本日は、長時間にわたりお疲れ様でした。気をつけてお帰りください。」と締めくくる。

◆面接の質問ミスを目立たなくする

注意していても、気づかぬうちに応募者に不快な思いをさせる質問をしていることもある。もちろん、採用される人であれば、多少のことは帳消しになるのだろうが、不採用者の場合はそうもいかない。時にはハローワークなどへ苦情を持ち込まれることもある。だから、面接では多少の質問ミスがあることを前提に、終了時には丁寧に挨拶したり、立ってお見送りするくらいの配慮も必要だ。先述したように〝終わりよければすべてよし〟である。

何しろ、今は結婚披露宴の来賓祝辞で、出産を奨励するような発言も問題視される時代だ。もっと大らかに受け取ってくれると良いのだろうが、今はそんな時代である。

◆面接を受けて良かったと思わせる

応募者にとって面接という緊張の一日が終了する。「どんな会社なのだろう、どんな人がいるのだろう」と不安な状態で臨んだ面接からようやく解放されるのだ。もちろん、求人票を見て自ら選んで面接を受けに来た会社ではあるが、この段階ではまだ就職への意欲はそこまで強くないはずである。

だからこそ、面接を気持ち良く終了するのは当然として、さらに会社への思いを強め、〝二度惚れ〟してもらうことが必要になる。そのための方策を次節以降、具体的に述べるが、いわゆる面接の「後回し」場面だ。川越式採用手順では、この「後回し」部分が面接全体の4割を占め、面接本番の2倍である。

5 帰り際の手土産で選考辞退防止策を打つ

面接まで終わると採用活動もホッと一息だが、正念場はこれからである。なぜなら、面接を受けた人からの選考辞退が約3割もあるからだ。これを防ぐ決定打があるわけではないが、その1つは面接終了後、帰り際に渡す手土産である。この手土産が応募者のみならず、その家族、そして今いる従業員にも好影響を与える〝三方よし〟の選考辞退防止策なのだ。

① 今や選考辞退防止策は必須

こちらが「ぜひこの人に」と思っている人に限って、内定を出す前に断ってきたりする。今は面接後に約3割が選考辞退する時代であり、選考辞退防止策は必須だ。もちろん、求人段階からキチンと手順を踏んであることが前提だが、会社としてはここからが採用を成功させる正念場である。

◆「えっ！　そうなんですか」

起きてほしくないことに限って起きてしまうのが世の常だ。これは採用でも同じことで、それが面接直後に応募者からかかってくる選考辞退の電話である。「すみません、他社が決まったものですから」。面接を終えて、「よーし、この人でいこう」と思って内定の電話でもしようと思っていた矢先に、「えっ！　そうなんですか……」とがっくり。ここまで苦労した採用活動が泡と消える瞬間である。

それに、選考辞退するのは仕方ないにしても、理由については会社への配慮があっても良いのではないかと恨みごとの1つも言いたいところ。それはともかく、良い人は、どこにとっても良い人だから採用しようとする会社も多いわけだ。今のような売り手市場の時代は採用企業間の獲得競争も激しい。

今どきは2社3社掛け持ちでの職探しは当たり前で、どうせなら少しでも労働条件、雰囲気の良いところで働きたいというのが人情というものである。

◆面接後に約3割が辞退する

第1章で述べたように、面接後に約3割の応募者が選考辞退している（図表3・P21）。そう考えると、求人票を見て、何となく良さそうだったから応募して面接を受けたものの、入社意欲の強さとしては微妙だと思って良い。微妙というのは、労働条件や会社の雰囲気次第で、他社での採用が決まればそちらに行く可能性もあるということだ。

繰り返すが、面接というのは応募者から会社が選ばれる場でもある。だから、求人票にウソ偽りのない情報開示、面接当日の雰囲気、そして面接後のフォローという一連の手順が、選考辞退を防止する大きなポイントだ。とりわけ、面接前にはそうでもなかった応募者の気持ちをグッとつかむには、面接後に行う気持ちのフォローが欠かせない。

◆事前評価より事後評価を高める

選考辞退防止のポイントは、応募者の会社に対する評価を徐々に高めていくことだ。つまり会社の事前評価より事後評価を高めることである。事前評価というのは、面接前において求人票や会社ホームページなどの情報をもとに応募者が抱く会社の評価だ。事後評価というのは、面接に来て五感で感じ取った会社の雰囲気や面接で詳しく説明を受けた労働条件や仕事の内容などで抱く評価である。そして事前評価より事後評価が低くなった場合に選考辞退されやすい。

ちょうど、飲食店において外見や前評判の素晴らしさで事前評価を高めたのに、実際に入ってみて店内の雰囲気や味がそうでもないとガックリくるのと同じだ。もちろん、この場合も逆だと、味はほどほどでも期待以上だからお客はそれなりに満足する。

❷ 帰り際に手土産を渡す

選考辞退防止策の一環だが、面接を終えた帰り際、全員に手土産を渡す。交通費代わりのようなものであり、ちょっとしたお菓子が無難である。もちろん、もらったほうは少なからず負い目もあるので、応募者にそう感じさせないよう、千円程度のものをさりげなく渡すなどの工夫が必要だ。

◆手土産とは

大切なお客様を訪ねる時やお迎えした場合、ちょっとした手土産をお渡しするが、それと同じ発想だ。一昔前なら、面接を受けに来た人に手土産など発想もなかっただろうが、今は会社が応募者から選ばれる場でもある。そう考えると大切なお客様を迎える場面と同じだ。

従来から一部の会社では、面接来訪者へ交通費を支給している場合もあり、その代わりに差し上げるようなものである。確かに、現金のほうがありがたいかもしれないが、手土産にはモノならではの感触というか重みがあって印象として残りやすい。「わざわざ面接に来てくださってありがとうございます」という気持ちを表すには何かモノがあると格好がつく。

◆どんなものが良いのか

どんなに考えて選んだとしても、万人が満足するようなものはあまりない。まず予算的には、応募者に負い目を感じさせないように千円程度、あまりかさばらないもの、好き嫌いの少ないものなどを条件に考えてみる。人様から何かを頂戴するというのは少なからず負い目を感じるものなので、応募者に対してそのあたりの配慮は特に必要だ。

ハンカチはデザインの好みがあり、図書カードだと、もし不採用になった場合「勉強不足だからもっと本を読んでね」という意味に受け取る人だっていそうだ。お酒の類は嗜好品でもありちょっと不適切である。

そこで考えられるのが、ちょっとしたお菓子やコンビニなどで使えるＱＵＯ（クオ）カードだ。ただ、後者は印象に残りにくい。そうなると、かさばらない軽めのお菓子が無難ということになる。

◆面接を受けた全員にさりげなく渡す

手土産は面接終了後「本日はお疲れ様でした」の挨拶と同時に、「ほんのお口汚しですが……」などと言いながら、さりげなく全員に渡す。さりげなくというのは、応募者に気を遣わせないためだ。これ見よがしに渡してしまうと、もらったことに負い目を感じてしまうので逆効果である。

手土産を全員に渡すというのは、わざわざ面接に来てくださったことに対するお礼でもあるからだ。確かに、選考辞退防止策の一環ではあるが、面接終了時点では当然ながら誰を採用するか確定していないし、不採用になった人から嫌われないようにする目的もある。もちろん、手土産ひとつで人の気持ちが、簡単にどうこうなるものでもないが。

③ こんな心配りに感動する

人は想定していたこと以上のことをしてもらった時に「まさか」の感動がある。そして、感動するのは応募者のみならず、その家族、ひいては今いる従業員にも及ぶ。今いる従業員が感動するから、会社の雰囲気も良くなり応募者の事後評価もグンと高まる。これぞ〝三方よし〟の選考辞退防止策だ。

◆「まさか」に感動がある

感動する1人目は応募者本人である。いくら求人難の時代とはいえ、面接に来た人に手土産を渡す会社は少ないというかほとんどないはずだ。面接日通知に「面接時の交通費支給はございません」とあえて書いておく意味がここにある。応募者からしてみれば「まさか」、今風に言えば「サプライズ」だろうか。「おっ！この会社、なかなかやるなあ」と、少なくとも怒る人はいないはずだ。

つまり、想定していた以上のことをしてもらうから感動が生まれるわけで、まさに事前評価より事後評価を高めてもらう方策の1つである。この段階で、応募者は面接も終えてホッとしているが、選考辞退防止策の面から考えれば、会社の採用活動はここからが正念場だ。

（Q＆A）手土産は自社商品でも良いか？

もちろんOKだ。特に、自社商品がお菓子だったらなおさらである。ただし、会社商品の割引券はどうなのだろうか。もちろん、それはそれでありがたいが、それだと「買い物に来てね」という営業になってしまう。基本的には選考辞退防止のためというのが大きな目的でもあるので、その日に口に入るお菓子が無難である。

◆家族の影響を受けやすい

感動する2人目は応募者の家族である。選考辞退防止策において、家族対策は不可欠だが、特に真面目な応募者は、家族関係も良好であることが多いのでなおさらだ。家族関係が良好ということは良くも悪くも就職関係に影響を与えやすい。

例えば、面接を終えたその夜には「これどうしたの？」「今日面接を受けに行った会社でもらった」「へぇー……」という会話になるはずだ。その際に、手土産がお菓子だと、家族の口にも入るので会社への親しみも出やすく、面接のことが家族で共有される。共有されるから、仮に他社から「内定通知」が届いたとしても、「お母さんはこっちの会社が良いと思うよ」と自社の応援をしてくれるかもしれない。だから手土産にはお菓子が良い。

◆今いる従業員にも安心感が広がる

感動する3人目は今いる従業員である。面接終了時にお渡しする手土産は応募者の選考辞退防止策の一環だが、今いる従業員にも好影響を与える。一般的に手土産の調達は、今いる従業員が行うだろうが、ここまで気配りする会社に今いる従業員は感動する。「うちの会社って、面接に来た人にこんな心配りまでするんだ」と。このようなことは口にしなくても、社内に「人を大切にする採用方針」が十分に伝わるので、新人が入社して来たら、全員で大切にしようという雰囲気が生まれやすい。

そのような雰囲気というのは、何となく社内に漂うもので、応募者は会社に一歩足を踏み入れた瞬間に感じ取るものだ。これこそが事前評価より事後評価を高めてもらう最たるものである。

6 1通のハガキで翌日に「まさか」の感動を届ける

面接日に行う選考辞退防止策の2つ目は、その日に差し出す面接来社お礼ハガキだ（文例9）。もちろん、このハガキが応募者宅に届くのは翌日だが、だからこそ会社への好印象が翌日まで持続し、さらに高めることができる。また、このハガキは選考辞退防止のためだけではなく、不採用者への配慮にもなるのだ。

1 面接来社お礼ハガキをその日に差し出す

面接に来てくださった応募者全員へ、面接当日に差し出すのが面接来社お礼ハガキである。手書きで全員に、その日に差し出し、翌日届くのがポイントだ。62円の費用でここまでの効果があるものはめったにない。

◆面接来社お礼ハガキとは何か

面接来社お礼ハガキというのは、面接に来てくださった応募者に対して、会社から差し出すお礼のハガキである。一般的には、応募者が面接を受けた会社へお礼ハガキを差し出すことはあると思うが、これはその逆パターンだ。郵送料62円にしては、なかなかの代物である。

内容としては、面接に来てくださったことへのお礼、現在選考中であることなど簡単な内容で十分であるし、これ以上のことは書きようもない。だから、手紙よりハガキ、ハガキもできれば絵ハガキのほうが書くスペースが少ないので助かる。もちろん、今は電子メールということも考えられるが、相手の受ける感動はハガキには遠く及ばない。

◆できれば手書きにする

このハガキはできれば手書きが良い。手書きにすることにより、応募者に会社の思いが伝わりやすくなる。字のうまい下手は関係なく、一文字一文字丁寧に書けば良い。かえって達筆より、少々下手な字で丁寧に書かれたもののほうが、親しみを感じるし思いが伝わりやすいというものだ。もちろん、印刷したものが悪いわけではないが、お礼ということ自体が形式的になり、もらった人の感動は半減する。

また、ハガキを書くのは面接を担当し採用の権限を持つ人だ。少なくとも、従業員30人以下くらいの会社であれば社長ではないだろうか。ただでさえ忙しい社長にとっては負担かもしれないが、それをあえて行うことに大きな意味がある。

◆その日に差し出して翌日届くのがポイント

今は郵便事情が良いので、面接を終えた日に差し出せば翌日には届く。面接でそこそこに良い印象を受け、当日の夜には手土産のお菓子を食べながら、家族ともども会社への就職意欲を徐々に強める。その余韻《よいん》がさめやらぬうちに、面接を受けた会社から社長の手書きで、「まさか」のお礼ハガキが届く。感動しないほうがおかしいというものだ。

そのためには、何があってもその日に投函する必要がある。もし、近場のポストの収集時刻が過ぎていたら、郵便局へ持ち込むくらいのことも必要だ。翌日に届くことがポイントなのである。もちろん、慌て過ぎ

文例９　面接来社お礼ハガキの例

切手

〒○○○－○○○○

○○市○○町○○番地

○　○　○　○　様

本日は、採用面接にご来社いただき、ありがとうございました

対応等について、不行き届きのこともあったかとは思いますが何卒ご容赦ください

なお、現在当社採用基準をもとに厳正に選考させていただいておりますので、結果ご報告までしばらくお待ちくださいませ

以上、取り急ぎ面接ご来社のお礼とさせていただきます

○年○月○日

日本おおぞら株式会社

代表取締役　○○　○○

て切手を貼り忘れないようにするのは当然だ。

2 面接までの好印象をさらに高める

選考辞退される理由はいろいろあるが、簡単に言えば面接後に自社の評価がだんだんと下がっていくか、他社に比べて相対的に低い場合だ。だから、面接までに会社への好印象を持たせ、それをさらに高めて〝二度惚れ〟させる工夫が必要だが、面接日の翌日に届く1通のお礼ハガキが役に立つ。

◆面接、手土産、そしてお礼ハガキ

面接を受け、手土産までもらって、それまでそうでもなかった会社への入社意欲が多少は強まったとはいえ、一晩寝ると気が変わることもある。「会社の雰囲気は悪くはなかったし、手土産までもらって食べてしまったけど、冷静に考えてみると……」と心が揺れ動くことも少なくない。

だから、面接までの好印象をさらに高めることが必要だ。会社というのは、経営者が考えているほど応募者から好印象を持たれにくいので、あの手この手と間髪いれずに対策を打っておく必要がある。もちろん、やり過ぎは良くないが、その点お礼ハガキというのは、重すぎず軽すぎずちょうど良い頃合いなのだ。

◆他社に浮気させない

選考辞退の主な理由としては、面接を受けた会社に対する事後評価が、事前評価より低くなった場合と、他に面接を受けた会社との比較で他社より自社が劣った場合である。前者はともかく後者を理由に辞退されるというのは、いわば浮気されたようなもので何とも悔しいものだ。

応募者からしてみれば、少しでも雰囲気や労働条件の良いところに就職したいと思うのは当然のことである。だから、労働条件などが他社と比べて絶対的な優位性がない以上、お礼ハガキを出すなど、少々気恥かしいところもないではないが、企業間の求人獲得競争が激しいこの時代、この程度のことは必要である。

◆厳しく採って優しく雇用する

川越式採用手順は「厳しく採って優しく雇用する」が基本的な考え方だ。それは、募集・選考段階までは厳しいが、いったん採用したら責任をもって、とことん優しく雇用するということだ。今は、この真逆の採用手順で行っている会社も多い。つまり、募集・選考段階までは、聞こえの良いことを並べ立てて誰でも採用するものだから、採用後は冷たく厳しい雇用関係にならざるを得ないわけだ。しかし、そのようなことでは、何人採用したところで失敗を繰り返すだけである。

だから、面接日から徐々に会社への好印象を高めてもらうことが必要であり、このハガキは、応募者に「会社は自分のような一応募者のことまで気にしてくれている」ことを実感してもらう目的もある。

3　他社がやらないから効果がある

このハガキは、応募者本人のみならず、その家族にも感動を与えるし、不採用者への配慮にもなる。特に、この時点で応募者の家族から信頼を得るというのはとてもありがたい。また、このようなハガキを差し出す会社はめったにないから、それだけでも他社との差別化になる。

Q＆A お礼ハガキを事務担当者に代筆させてはダメか？

ダメということではないが伝わるものが半減する。もちろん、受け取る側にしてみれば、それが社長自信の手書きか代筆かは知る由もない。しかし、若いお嬢さんの書いた文字と、歳を重ねた人の文字では雰囲気が違う。文字がうまい下手ではなく、実際に面接をした方が書くと相手に伝わる情熱が格段に違う。例えば従業員30人以下くらいの会社なら基本的には社長が書かれたほうが良い。

◆応募者は「まさか」にグッとくる

ハガキをもらった応募者が、仮に他社の面接を受けていたとしても自社に傾く可能性が高い。もちろん、労働条件などがあまり差のない場合であることは言うまでもない。

そもそも、このようなハガキなど差し出す会社は少なく、それだけでも応募者には「まさか」の感動があり他社と十分差別化できる。労働条件などに大差がない場合、このような心配りが採用の成否を分けるのだ。多くの応募者は、このような「まさか」にグッとくる。

◆家族の目にも触れる

もちろん、ハガキの宛先は応募者本人だが、届いたハガキは家族の目にも触れる。というよりも家族の目に触れることを前提に差し出す。「社長さんが、わざわざハガキまでくださる会社なら……」と、面接当日にいただいた手土産のお菓子と相まって家族の信頼はさらに高まる。大切な家族が勤めようとしている会社に関心がないという人は少ない。

ひいき目に見ても「自分の子だからこの程度か」と分かってはいるものの、親というのは基本的にわが子のことは気になるもので、できるだけ良い会社に就職してほしいと思うものだ。そして、どういうわけか優秀でない子ほど可愛いものである。だから、面接を終えた段階で応募者の家族に信頼されることはとても重要なことなのだ。

◆不採用者への配慮にもなる

このハガキは、選考辞退防止が大きな目的だが、不採用者への配慮という意味合いもある。たとえ、そこまで惚れこんで応募し面接を受けた会社ではないにしろ、不採用の通知を受けるというのはそう気持ちの良いものではない。下手をすると逆恨みされることだってある。

しかし、先にこのようなハガキが届いていれば、後日、不採用の通知が届いても「ここまでの心配りができる会社だったから自分は無理だったかな」と前向きに納得してくれるかもしれない。だから、面接日には全員に差し出しておく。

図表25 面接日のチェックリスト

No.	チェック項目	☑
1	社内に面接日のことを知らせたか（来訪時間、来訪者氏名など）	
2	来訪者用のハンガー、スリッパ、雨天時のタオルは準備してあるか	
3	面接会場など社内の整理・整頓・清掃はできているか	
4	面接担当者は面接に集中できるようになっているか	
5	面接担当者の身なり、言葉遣いは適切か	
6	面接の質問で聞いてはいけないことを理解しているか	
7	応募者の事前観察（到着時刻、身なり、挨拶など）を行ったか	
8	応募者を「いらっしゃいませ」と笑顔で出迎えたか	
9	まず面接担当者から挨拶、自己紹介をしたか	
10	面接の質問を始める前にお茶を出したか	
11	求人票、履歴書、応募者アンケート、今後の予定表を応募者との間に置いて面接を始めたか	
12	労働条件、仕事の内容、今後の予定などを説明したか	
13	面接担当者が話し過ぎていないか（話三分に聞き七分）	
14	核心的な質問はしつこくない程度に掘り下げたか	
15	応募者から会社への質問時間を設けたか	
16	面接終了時にねぎらいの言葉を掛けたか、キチンと見送ったか	
17	適当（千円程度、かさばらない、軽い）な手土産を準備したか	
18	手土産を全員にさりげなく渡したか	
19	お礼ハガキは面接担当者（採用決定権限者）が手書きしたか	
20	お礼ハガキは翌日に届くようその日に投函したか	

労務小話　第4話

出産育児一時金

おかず：産前産後休業中の手当は分かりましけど、じゃあ、お産の費用はどうなんですか？　確か、お産は病気じゃないから健康保険は使えないはずでしょ。

ご隠居：社会保険から「出産育児一時金」が出るぞ。手当の額は、子ども1人につき42万円（産科医療補償制度未加入の産院等で出産の場合などは40・4万円）じゃ。お産費用がこれを上回る場合は自己負担となる。出産育児一時金の受給方法には2つある。①本人の合意により産院等が直接、請求と受け取りを代行する直接支払制度、②小規模な産院等で一定の条件を満たした場合に認められる受取代理制度じゃ。もし、これら2つの方法を利用しない場合は、退院時にお産費用を全額支払い、その後、全国健康保険協会（協会けんぽ）などへ出産育児一時金の請求をすることになる。

おかず：ところで、ご隠居さんは奥さんのお産に立ち会ったんですか？

ご隠居：わしらが若い頃はそういうのはあまりなかったし、立ち会っとらん。

おかず：へぇー、そうなんですか。ご隠居さんは新しもん好きだから、きっとお産に立ち会ったかと思って。

ご隠居：なんのなんの、わしは、若い頃からお産というよりオッサンじゃからな。

（つづく）

第5章

採用の精度を高める内定時の〝かくし味〟

本章のポイント

一、採用内定の判断は3つの視点で行う
二、採用内定・不採用の通知はテキパキと行う
三、条件を変更して契約する場合は手順を踏む
四、内定時の打ち合わせは必ず行う
五、第二の人生組には転職したことを理解してもらう
六、受け入れ準備は前日までに完了しておく

本章では、採用の内定から採用日前日までの、いわゆる内定時に行うべきことを中心に解説していく。中途採用の場合は、面接後に採用が決まればすぐに入社というのがほとんどだから、内定時という考え方はあまりないが、採用決定から採用日前日までの期間を内定時として捉える。

この期間は、従業員として採用されることが決まったとはいえ、会社との関係はまだ流動的だ。それゆえに会社の対応如何によっては「辞退」ということだってあり得る。

だからそれを防ぎ、内定者から「この会社なら安心して働けそう」と実感してもらえるようにすることが重要だ。また、内定者とのやり取りも多く、それらをとおして徐々に会社を好きになってもらう。一方、キチンとした手順により、採用すべきでない人は自ら退散してくれ、結果として採用精度はグンと高まる。

図表26　第5章の全体構成

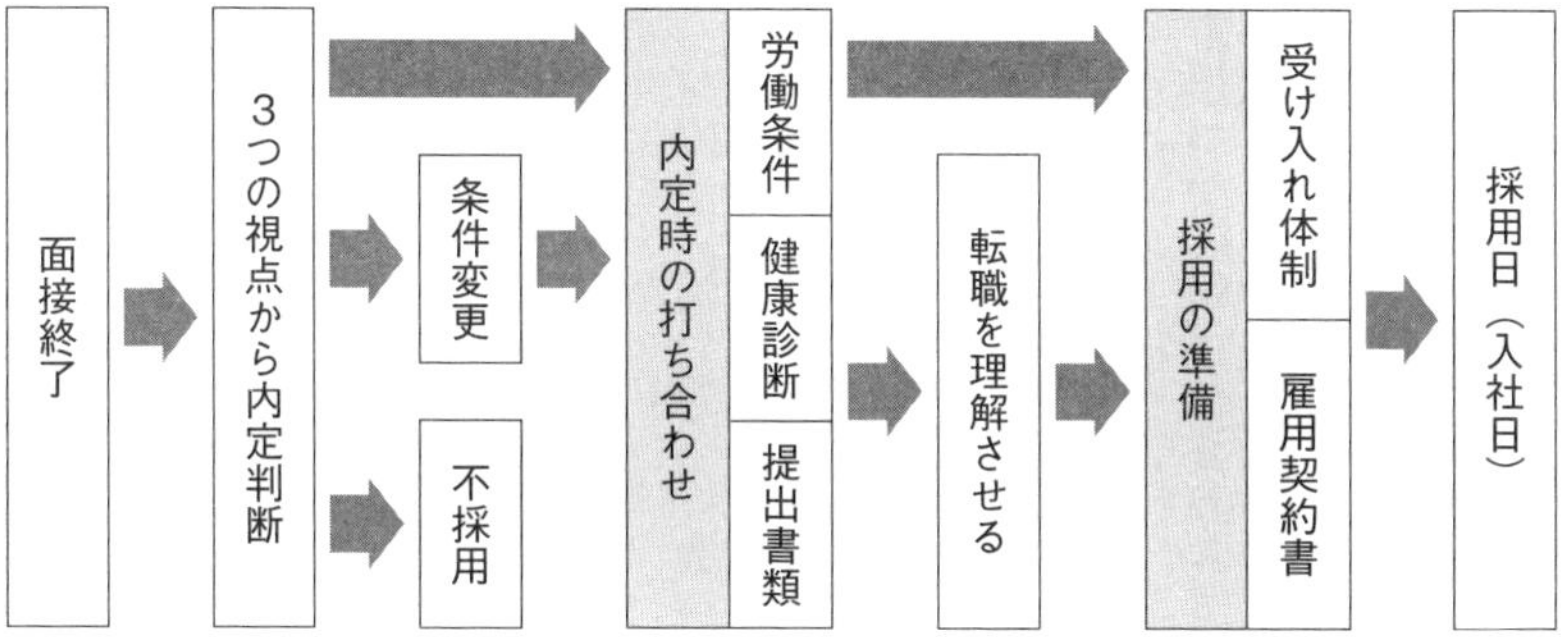

まず採用内定の判断だが、3つの視点を基準に行う。優秀な人を選ぶというより、ほどほど以上の人を選び、内定時の手順をとおして、その気にさせて優秀化するというのが現実的だ。また、採用内定・不採用通知の行い方でも会社に対する評価は大きく変わる。ポイントはテキパキと丁寧に行うことだ。さらに、求人票で明示した労働条件を変更して契約する場合もあるが、その際には法律の定めるところによりキチンと手順を踏むことが必要である。

次に、内定時には必ず一度は打ち合わせの場を持つ。労働条件などの再確認、健康診断受診の指示、入社時提出書類の依頼など、この打ち合わせの場で行っておくことは結構多いが、これを行うことにより採用後のことがスムーズに運ぶ。また、いわゆる、よその会社を定年退職した第二の人生組については、社内に溶け込みやすくするためにも、やんわりと転職したことを理解してもらう。

そして、内定時の手順というのは、どれも採用後の雇用関係をスムーズに行うためのものでもある。だから、採用した人が通常どおり勤務できるよう、採用日の前日までには体制を整えておく。特に、雇用契約書（労働契約書ともいうが本書では雇用契約書という）は採用日に取り交わすべきものであり、前日までには作成しておくべきだ。このようなことが、雇用関係をピリッと締まりのあるものにする（図表26）。

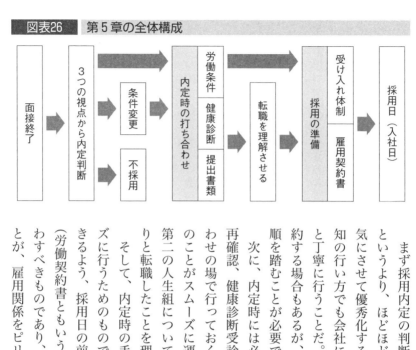

1 採用内定の判断は3つの視点で行う

書類選考、面接を終えていよいよ採用内定の判断を下すことになる。判断の視点は、自社の身の丈に合わない人は避ける、自社の雰囲気に合うこと、そして国の助成金に惑わされないことの3つだ。もちろん、ここまで川越式採用手順をキチンと踏んでいれば、そう突拍子もない応募者は残っていないはずである。

① 身の丈に合わない人は避ける

従業員というのは会社の鏡である。つまり、会社の身の丈に合うような人しか採用できないし、無理をして、そうではない人を採用したとしても雇用関係はうまくいかない。もちろん、優秀な人を採用できるように、労働条件などをできるだけ良くしていくことが、会社のあり方ではある。

◆なまじっか経験があるのは良し悪し

第3章の書類選考において述べたように、過去の職務経歴は過大評価すべきではない。それが自社で活かされ能力発揮されるかは未知数であり、基本的には未経験者だということで判断したほうが無難だ。というより、なまじっか経験があるというのは、自社で教育する場合にとても邪魔だったりする。せっかく教えようとしても、「自分は今までこうしていた」などと、間違った知識であることすら認識せず、教わろうとしないことも多いからだ。

例えば、ある土地に増改築を繰り返した、築30年くらいの建物が建っているのと、更地である場合を考えてほしい。もちろん、今日、明日であれば前者が助かるが、1年後、2年後はどうだろうか。

◆優秀過ぎる人は紙一重

優秀な人は良いが、それが過ぎると紙一重だ。紙一重というのは成功と失敗が背中合わせ、つまり結果が極端であるということである。これは採用に限ったことではなく、紙一重のこちら側と、あちら側では大きな違いだ。たとえが適切かどうかは別にして、肉も腐る寸前が一番美味しいと言われるが、それだって紙一重であり腐っていたら大ごとだ。

勝手なことを言えば、応募者の構成も「2対6対2」であり、川越式採用手順では、求人段階から全体の6割を占める、ほどほどの人をターゲットにしている。もちろん、この採用手順をキチンと踏んでいれば、結果として優秀な人2割と、ほどほどの人6割の合計8割が残っているはずだ。だから、この階段ではどの人を選んでもそう大きな失敗はない。

◆優秀な人を使いこなせるか

確かに、どうせ採用するなら優秀な人が良いに決まっている。しかし、優秀な人は自分を安売りしない。つまり、サービス残業があったり、有給休暇もろくすっぽ取れないような会社では満足しないのだ。もちろん、自分の権利のみ主張するような人ではなく、仕事もキチンとする代わりに権利も求めてくる。求めないにしても、会社がそのようなことに無頓着だと、採用しても早々に見切りをつけ辞めていく。

だから、優秀な人を雇おうと思えば会社の労務管理も優秀にしておかなければならないし、もし、そのようなことができないなら優秀な人は避けて、それなりのことに甘んじる人を採用するしかない。

ところで、2018年6月に働き方改革関連法が成立した。何かと批判もあるが、私は、優秀な人を確保する「働きやすい職場づくり改革」の好機ではないかと捉えている。

2 自社の雰囲気に合うこと

小さな会社で重要なのは一緒に働いて違和感がないことと、不健康ではないこと、それに人柄だ。もちろん、100%の人はいないわけだから、自社にとって最適なところの折り合いをつける。最高の人というより最適な人を選べば良い。

◆一緒に働いて違和感がないこと

小さな会社だとこれが一番重要かもしれない。確かに、個性は重要だが、それと、わがままで協調性がないというのは紙一重だ。いくら優秀な人であっても自社に溶け込めないような人は、職場を乱すだけだし、精一杯乱しておいて辞めていかれたら何にもならない。

もちろん、一緒に働くのは今いる従業員だから、判断材料の1つとして意見を聞いておく。特に、受付で対応した人、お茶を出してくれた人など、身近で接した人の目は確かだ。やや楽観的ではあるが、人柄さえ良ければ普通の仕事は何とかなる。また、人柄が良いということは、今いる従業員も親切に指導してくれるだろうし、仮に失敗してもリカバリーしてもらいやすいからだ。

◆不健康でないこと

働いていただくうえで不健康でないことは絶対条件だ。しかし、面接の時点までは健康そうにしていた人が入社早々、腰痛など持病持ちだったりして休みが多かったりすることも少なくない。「何で持病のことを言わなかったのですか？」と問いただせば「聞かれなかったから」と開き直られることもある。

だから、第3章で紹介した応募者アンケート（文例8・P135）において、内定時に行う健康診断受診の承諾を得ておく。こうすることにより、応募者は「この会社は内定時に健康診断があるんだ」と認識する。これだけでも、仮に不健康を隠して入社しようとする人は、応募者アンケートの段階で選考辞退してくれる可能も高い。したがって、この段階まで進んだ人は不健康である可能性が低い。

◆応募者一覧表をじっくりと見て納得する

第3章で紹介した応募者一覧表（図表18・P100）を思い出してほしい。これには、応募者の各種情報が盛り込まれているはずだ。というより、採否判断のために作成するという目的もある。一覧表だから応募のテンポ、書類の送付方法、面接時の到着時刻、面接時の評価項目なども盛り込むと対象者全員を比較しやすい。

Aさんは優秀そうだが少々暗そう、Bさんの職歴は立派だが面接の受け答えがちょっと……、Cさんは明るいが転職回数がけっこう多い、などということはよくあることだ。「帯に短し襷《たすき》に長し」というが、そもそも１００％の応募者はいないわけで、あとは納得して会社の優先する項目で採用者を決める。

3　国の助成金に惑わされない

今どきの採用で、気をつけるべきは国の助成金かもしれない。もちろん、助成金制度自体を全面否定するつもりはないが、そんなものに惑わされて採否判断のメガネを曇らせるべきではないはずだ。だから、助成金は「くれるなら、もらってやる」くらいの感覚でちょうど良い。

Q＆A 助成金は「くれるなら、もらってやる」とはどういうことか？

採用活動を当たり前に行い、結果として助成金の支給要件に一致していたら受給しても良いということである。つまり、対象となる人を雇ったから助成金が支給されるのであり、助成金が支給されるから対象となる人を雇うというのは本末転倒だ。また、法律上の義務以外は会社の裁量で行うべきであり、助成金の支給要件を満たすため無理に制度を導入したりすることはまっとうなことではない。そもそも、税金は納めるものであり基本的にもらうものではないからだ。

◆国の助成金とは

助成金というのは、国が定めた支給要件を満たし、所定の手続きを踏めば支給される返済不要のおカネだ。国（本書においては主に厚生労働省）は政策をスムーズに推進するために、いろいろな助成金制度を設けている。その財源は会社が納める雇用保険料と税金だ。いわゆる公金が使われるので、支給要件は細かく決められているし、支給された後も会計検査院などの調査対象となっている。

例えば、一般的に利用の多い「特定求職者雇用開発助成金」という助成金制度がある。ハローワーク等の紹介により高年齢者、障がい者、母子家庭の母など、就職困難者とされている人を、採用し継続して雇用するなど一定の要件を満たした場合に一定額の助成金が支給されるものだ。

◆おカネが絡むとメガネが曇りやすい

仮に、面接をして最終的に2人が残り、そのうちの1人を採用する場面を想定してほしい。1人は助成金の対象となる人で「6カ月ごとに30万円、1年間合計で60万円」の支給予定、もう1人は助成金対象外だった場合だ。不思議なもので助成金が付いてくる人のほうが優秀に見えてくる。

もちろん、そんな助成金など気にせず本当に会社として必要な人を採用すれば良いが、そこにおカネというか持参金が絡むとどうしてもメガネが曇りやすくなるものだ。また、助成金の支給要件の1つに、「継続して雇用する」というのがあり、継続させんがために採用後の雇用関係が変に甘くなることもある。

◆「くれるなら、もらってやる」くらいの感覚で良い

確かに、返済不要のおカネが入ってくるのはありがたいが、タダより高いものはないともいう。わずかな助成金をもらったばかりに、あれこれと制約を受けるからだ。それに、助成金は一時金だが、雇用は継続していくわけだから長期的な視点が必要なのである。

だから助成金などに惑わされるべきではなく「くれるなら、もらってやる」くらいの感覚でちょうど良いし、助成金が出ないと成り立たないような採用はすべきではない。人を雇用するというのは国から頼まれたわけでも義務付けられているわけでもなく、経営者の裁量で行うものである。私の事務所にも「助成金をもらわないと損！」などというＦＡＸ・ＤＭが送りつけられてくるが、こんなものに飛びついている限り採用に成功することはない。

2 採用内定・不採用の通知はテキパキと行う

いよいよ採用内定までできたが、選考辞退をする人が多い場面でもある。だから、採否を決定したらできるだけテキパキと伝えることが重要だ。採用内定者にはさらに会社への信頼を高めてもらい、不採用者には断られても嫌われないようにしておくことがポイントである。

① 面接後3日くらいをめどに行う

面接をして選考する会社も大変だが、面接を受けた側はそれ以上に、採否の決定が気になるものである。特に真面目な人ほど、応募はもちろん面接にも真剣に臨むのでなおさらだ。一方、会社にしてみても面接の記憶は時間とともに薄れるので、面接後3日くらいをめどに行いたい。

◆時間が経つにつれ記憶が薄れる

大企業ならまだしも、中小企業は社長が面接し社長が採否を判断することも多いので、面接後3日もあれば結論は出せるはずだ。それに、人の記憶というのは、覚えた時をピークに時間の経過とともに薄れていくので、3日以上時間が空くと「あれっ、どんな人だったかな」ともなりかねない。特に多くの人と面接をした場合はなおさらだ。

これについて、忘却曲線というものがあり、何かを学んだ時、20分後には42%、1日後には67%、2日後には72%忘れるといわれている。もちろん、忘却曲線は、無意味な音節を覚えた時の記憶データだから、面接の印象とは必ずしも一致しないだろうが、時間が経つにつれ記憶が薄れるのは確かだ。

◆待つ身は不安なもの

もちろん、求人票には「選考結果は○日後」と記載しているはずだし、面接時にも「○日までには結果をご連絡します」と伝えていれば、その日までに通知すれば良い。ただし、特に採用内定の場合は、その期限よりも1日でも2日でも早めに行うのがミソだ。例えば、通販で注文した商品が、予定日より早く届くと何となく嬉しいものだが、それと同じようなものだ。

一方、不採用の場合も早めにはっきりすれば、「仕方ないな」と新たな就職活動に目を向けてもらえ、断られたことの印象が薄れてくる。特に面接後のお断りではこれが重要だ。逆に間が空くと変に期待されたりして、同じお断りでも会社に対する印象は悪くなりやすい。

◆獲得競争は続いている

今は2、3社掛け持ちでの職探しもめずらしくない。仮に、労働条件や入社したいという思いが同じくらいなら、先に内定通知が届いた会社に入社するのが当然だ。そうなると「他社が決まりましたから……」と、選考を辞退されることになる。もちろん、理由をハッキリとは言わないにしてもそういう場合が多い。

そもそも、面接は応募者から選ばれる場でもある。だから、〝これは〟という人には、選考辞退を避ける観点からも、早めに採用の意思を示したほうが良い。優秀な人は他社にとっても優秀な人である場合が多く、獲得競争はまだ続いているし、これからが重要なのである。

❷ 採用内定通知は早さと正確さがポイント

こちらは採用するつもりでも、相手がどう考えているかは分からない。もし、他社が先に内定していたら自社を辞退されることだって十分あり得る。だから、面接日通知のときと同じように、できるだけ早く電話で先手を打ち、その後文書で今後の予定なども詳しく伝えて会社への信頼を高めてもらう。

◆まず電話で安心させる

今のような求人難の時代は、タッチの差で他社に決められるかもしれない。そう考えると、採用すると決めたら、まず電話連絡をする。面接後ドキドキと不安な日々を過ごしている応募者を早く安心させるのだ。それに、早く電話することにより会社の採用に対する真剣さが応募者に伝わりやすい。

会　社：先日は、面接にお越しいただきありがとうございました。早くお知らせしたくてお電話させていただきました。社内で検討しました結果、ぜひ○○さんに入社していただきたいということになりました。いかがでしょうか？

応募者：はい、ありがとうございます

会　社：ありがとうございます。それでは詳しいことは文書でお送りします

◆文書で信頼を高める

採用内定を電話で伝えた際に、入社日などの再確認を行い、それをもとに採用内定通知（文例10）を郵送する。小さな会社だと、電話だけで済ませることも多いが、あえて文書を郵送することが応募者の信頼を得るポイントだ。確かに、電話は早くて良いが、伝えることも多く正確性の点からも文書が必要になる。

また、応募者も「まさかこんな小さな会社が採用内定通知なんて」という思い込みがある分、文書が届けば「小さいけどキチンとした会社なのね」と会社への信頼を高めるものだ。人は想定していた以上のことをされると感動するものである。何も大きなことをしなくても、このような小さなことをコツコツと積み重ねることが信頼関係づくりの基本だ。

◆採用内定通知の内容は今後の予定を中心に

採用活動は応募者に好かれながら、会社のペースで進めることが肝要である。そういう意味でも、採用活

文例10　採用内定通知書の例

○年○月○日

○○　○○　様

日本おおぞら株式会社
代表取締役　○○　○○

採用内定通知

拝啓　時下ますますご清栄のこととお慶び申し上げます。

さて、先日は採用面接にご来社いただきありがとうございました。

弊社採用基準により慎重に選考の結果、貴殿を従業員として採用することを内定しましたので、ここに通知します。

なお、入社に関する詳細な事項について打合わせ等がありますので、下記日時にご来社願います。

敬具

記

１．打合わせ日時　○年○月○日　○曜日　午前○時から
所要時間90分程度
※当日は筆記具が必要です。
※当日およびその他日程で、ご都合の悪い場合は○○宛てにご連絡くださいませ。

２．内　　容　１）雇用条件の再確認
２）仕事内容の再確認
３）雇い入れ時健康診断受診のこと
４）業務内容の再確認に関すること
５）提出書類に関すること
６）その他

３．健康診断日　下記①～③のいずれかご都合の良い日
あらかじめご都合の良い日をご連絡くださいませ。
①　○年○月○日　○：○○
②　　同　　○日　○：○○
③　　同　　○日　○：○○

４．事前研修日　○年○月○日　○：○○
※研修時間は時給○○円を支給します。

５．採用予定日　○年○月○日　○曜日

動の各場面で常に先々の予定を伝えることはとても重要であるし有効だ。人手不足の折から、ともすれば、〝あなた任せ〟になりやすい採用活動を会社がリードする。真面目な人ほど、先々のことが明確に示されていると安心感を高めるものだ。

特に、採用日前に研修がある場合などは、いつあるのか、その時間の賃金はどうなるかをハッキリと示しておく。後出しだと「聞いていない、話が違う」となりやすく、多くの場合はこれが内定後に選考辞退される原因となる。

3 不採用通知は丁寧に行う

採用通知よりも不採用通知は慎重に丁寧に行う。この手のことは形式的になるのは仕方ないとしても、できるだけ温かみのある文書で、断っても嫌われないようにしておく。また、応募書類の取り扱いについては厳格にしておくことは言うまでもない。

◆断っても嫌われないようにしておく

面接の結果、採用を見送られた人からみれば、心中穏やかではないはずだ。また、世間は狭いもので、断られた応募者の背後にどんな人がいて、どんな人とつながっているか分からない。だから、精いっぱいの誠意を示し、「私を不採用にするとは、残念だけどやはりレベルの高い会社だったのね」と前向きに諦めてもらう。精いっぱいの誠意というのは、丁重なお断りである。

何しろ、採用しないということは、会社の管理外に置かれるわけで、この段階の対応次第によって好かれ

Q＆A　内定を出す前に応募者から辞退してきた場合の対応はどうすれば良いのか？

残念なことではあるが、よくある話だ。そのような場合も、「残念ですがご辞退されましたのでお預かりしておりました応募書類はご返却します」という旨の文書を付けて送る。もちろん、応募書類の取り扱いについては、不採用通知の例（文例11）と同じだ。なお、辞退についてしつこく理由を聞くのは野暮というものである。

たり嫌われたりするが、好かれずとも嫌われないようにしておきたい。嫌われなければ今後自社の顧客になってもらえる可能性だってあるからだ。

◆温かみのある文書で結果を報告する

不採用通知は文書で行う（文例11）。目的は不採用の通知だが、それでは何となく印象が良くないので不採用という文言ではなく「選考結果のご報告」というタイトルにしてある。内容としては、面接来社へのお礼、簡単な選考過程、応募書類の取り扱い、そして今後のご活躍をお祈りする、ようなことだ。もちろん、お断りするわけだから、何を書いても同じようなことだが、できるだけ温かみのある文書にする。

なお、文例は応募書類を自社で廃棄することを想定しており、「シュレッダーにより裁断廃棄します」というように具体的に記載することも考えられる。また、返却する場合は、書類選考でお断りする場合と同じく特定記録郵便で送るなど、厳格に行う。

◆不採用通知は文書のみで十分

採用内定と違って、会社からあらかじめの電話連絡は不要である。というより余計な電話はしないほうが無難だ。中には「せっかく面接まで来てもらったのだから、電話で一言お断りしないと気が済まない」ということもあるかもしれない。しかし、ここはあえて文書だけで済ませたほうが不採用の印象が早く薄まる。

結局、応募者にしてみれば、何を言われたところで断られたわけだから、さらに

文例11 不採用通知の例

○年○月○日

○○　○○　様

日本おおぞら株式会社

代表取締役　○○　○○

選考結果のご報告

拝啓　時下　貴殿にはますますご健勝のこととお慶び申し上げます。

さて、この度は弊社採用面接に、ご来社いただき誠にありがとうございました。

早速、弊社採用基準に基づき厳正に選考させていただきました結果、誠に残念なことではございますが、今回は貴意に沿いかねる結果と相成りました。申し訳ございません。

今回面接をさせていただいた方は皆様優秀で、実際のところ採用人員を増やしてでも採用させていただきたかったのですが、それも叶わず、断腸の思いで決定したところです。

なお、お預かり致しました履歴書等は求人票に明示しましたように、弊社において責任をもって廃棄させていただきます。

末筆ながら、貴殿ならびにご家族様のご健康を心からお祈り申し上げ、甚だ略儀ではございますが選考結果のご報告とさせていただきます。

ありがとうございました。

敬具

電話などもらっても辛いだけだ。また、人によってはいたずらに同情されているようで、さらにいやな思いをするかもしれない。たとえていうなら、傷口に塩を塗られるようなものである。思いやりも度を過ぎれば大きなお節介だ。

3 条件を変更して契約する場合は手順を踏む

求人票に明示した労働条件で内定・契約できれば問題ないが、条件を変更して契約する場合はトラブルも多く注意が必要だ。トラブルが多いことから、２０１８年1月から労働条件変更等の明示義務などを定めた改正職業安定法が施行されており、実務上も重要な手順である。

1 採用手順の過程で労働条件が変わることもある

中途採用の場合は、当然いろいろな人が応募して来るので、当初に求人票で明示した労働条件ではカバーできない場合もある。その際には、当初の条件を変更して折り合うこともあるが、労働条件が下がる場合は苦情も多いようで、厚生労働省も相談体制を強化しているようだ。

◆当初の条件を変更して折り合う

求人票公開から面接、そして内定と採用手順を進めていく過程において、当初の条件が変更されることはたまにある。例えば、正社員として募集したが職務能力が未知数なのでとりあえず1年契約で雇用するとか、求人票では基本給25万円だったが、22万円なら採用できるというような場合だ。ほかにも月給制を時給制に、フルタイムをパートタイムに、事務職を営業職へ変更することがあるかもしれない。

もちろん、雇用関係はお互いの合意により成立するわけだから、最低賃金など法律の制約に違反しない限り納得尽くであれば何も問題ない。しかし、一方的に変更すると求人詐欺呼ばわりされることだってある。

◆求人票の労働条件についての苦情等は

厚生労働省の調べによれば、2017年度のハローワークにおける求人票の記載内容と実際の労働条件の相違に係る、申出・苦情等件数（全国計）は8507件となっている。内容別件数の主なものは、賃金に関すること、就業時間に関すること、職種・仕事の内容に関することが多い。

そして、要因別件数の主なものとして、求人票の内容が実際と異なる、求人者の説明不足、言い分が異なる等により要因が特定できない、などが多くなっている。

◆こんなことがトラブルのきっかけに

求人票の労働条件について苦情等の増加を受け、2017年4月から相談窓口である「ハローワーク求人ホットライン」の受付日が、年末年始を除く全日に拡大された。ハローワークで仕事を紹介された方へそれを周知するリーフレットには次のような記載がある。

「こんなことありませんか？」

- 面接に行ったら、求人票より低い賃金を提示された

- 求人票と違う仕事の内容だった
- 正社員と聞いて応募したのに、非正規雇用の形態だった
- 採用の直前に、求人票にはなかった勤務地を提示された
- 始業の30分前に出社させられている
- 「あり」となっていた雇用保険、社会保険に加入していない

２ 労働条件変更等の明示義務

２０１８年1月から改正職業安定法が施行され、求人票で明示した労働条件と実際の労働条件を変更する場合は、雇用契約締結前に、変更内容を明示することになった。なお、明示の方法としては対象者が変更内容を、適切に理解できるような方法で行う必要があるとされている。

◆労働条件の明示が必要な時点（タイミング）

従来から、ハローワークの求人申し込み等の場合は求人票に労働条件を明示し、また、雇用契約を締結する場合は労働基準法に基づき、所定の事項を明示することが必要である。

今回の改正職業安定法施行に伴い、これに加えて求人段階と採用段階の労働条件に変更があった場合に、その確定後可能な限り速やかに、変更内容について明示しなければならなくなった。また、求人段階において、試用期間に関する事項、裁量労働制を採用している場合はその事項、いわゆる固定残業代を採用する場合はその内容などを明示しなければならない。

図表27　労働条件の変更明示が必要なケース

①	「当初の明示」と異なる内容の労働条件を提示する場合
	例）当初：基本給30万円／月　→　基本給28万円／月
②	「当初の明示」の範囲内で特定された労働条件を提示する場合
	例）当初：基本給25万円～30万円／月　→　基本給28万円／月
③	「当初の明示」で明示していた労働条件を削除する場合
	例）当初：基本給25万円／月、営業手当３万円／月　→　基本給25万円／月
④	「当初の明示」で明示していなかった労働条件を新たに提示する場合
	例）当初：基本給25万円／月　→　基本給25万円／月、営業手当３万円／月

出所：厚生労働省「労働者を募集する企業の皆様へ」リーフレット

◆変更の明示が必要な場合、変更明示の方法は

変更の明示が必要となるのは図表27のような場合だ。

また、変更の明示方法として、対象者が変更内容を適切に理解できるような方法で行う必要があるとされており、厚生労働省のリーフレットには次の２つの方法が示されている。なお、①の方法が望ましいが、②の方法により適切に明示することも可能だとされているようだ。

① 当初の明示と変更された後の内容を対照できる書面を交付する方法

② 労働条件通知書において、変更された事項に下線を引いたり着色したりする方法や、脚注を付ける方法

◆罰則等の強化

今回の改正職業安定法施行により、変更の明示が適切に行われていない場合や、当初の明示が虚偽の内容・明示が不十分など不適切だった場合は指導監督や罰則等の対象となることがある。指導監督や罰則等とは、行政指導や改善命令、勧告、企業名公表だ。

また、変更の明示が行われていたとしても、当初の明示が不適切であった場合には、行政指導や罰則等の対象となることに変わりはないとされているので注意が必要である。

３　実務上はこのように対応する

採用手順の過程において、会社側の立場は強いのが一般的だから、会社から労働条件の変更を提案されれば、とりあえず同意するだろう。しかし、改正職業安定法や裁判例などからして、求人票の条件を変更して採用する場合は、少なくとも次の４つは押さえておきたい。変更明示は遅くとも内定前に行い、十分な説明、情報提供をし、応募者に対して考える時間を与える、そして同意事項は必ず書面で残すことだ。

◆労働条件の変更明示は遅くとも内定前に行う

面接などの結果、求人票に記載された労働条件とは違う条件を提示する場合は、できるだけ早め、遅くとも内定を出す前に行うべきだ。もし、応募者が他社に在職中であれば退職前のほうが良い。「そんな条件だったら会社を辞めてなかった」ということもあり得る。要は、早くお知らせしないと契約の段階で「話が違う！」ということになるからだ。

例えば、自動車を購入する場合、購入者が販売店から提示された２００万円の見積もりに対して、「２００万円は無理だけど１８０万円なら買う」と伝え、これに販売店が同意し契約が成立すれば何も問題ない。しかし、事前にそのような申し入れもなく契約成立後に「２００万円ではなく、１８０万円なら買う」と言われても販売店は困るのである。販売店を応募者、購入者を会社に置き換えてみると、変更の打診と同意を得るタイミングが理解しやすいのではないだろうか。

（Q＆A）労働条件の変更内容への同意はどのような手順が考えられるか？

一般的に考えられるのは、面接を終えた段階で条件変更の話になるのではないだろうか。場合によっては、内定前に再度ご来社いただき、その場で変更内容を説明し、それでも入社したいのかどうか応募者に判断させる。文例12に示した例は、面接後に条件を変更し、その内容を郵送し同意いただければ内定するというパターンである。

◆十分な説明、情報提供

当初の労働条件を変更して契約したものの、裁判で争われ、会社の手続きが不備ということで、当初の条件で雇用契約が認められたものがある（福祉事業者A苑事件京都地裁平成29年3月30日判決）。

この判決では、「労働者の自由な意思に基づいてされたものと認めるに足りる合理的な理由が客観的に存在するか否かという観点からも、判断されるべきものと解するのが妥当である」という最高裁の判決（山梨県民信用組合事件　最高裁平成28年2月19日判決）を引用し判断した。つまり、労働条件を変更する場合、形式的に署名させるだけでなく、十分に説明し、情報提供をしないと同意があったとは認められないということである。

◆応募者に対して考える時間を与える

面接時に、変更した労働条件を具体的に明示して説明できれば良いが実際には難しい。だから、内定時の打ち合わせの前に再度ご来社いただき、「この労働条件に同意していただけるなら採用します」と説明する。

もちろん、話がつけば「じゃあ、これに署名してください」と、その場で契約を確定させたいところだが、ここは一呼吸置くというか、十分な説明、情報提供をしたうえで応募者に考える時間を与えることがポイントだ。時間を空けると気が変わって同意をしないことも考えられるが、急いで同意を取り付けたところで、入社後にもめたら、もっと厄介なことになる。

文例12　労働条件の変更明示例

○年○月○日

○○　○○　様

日本おおぞら株式会社
代表取締役　○○　○○
電話 000-000-0000

労働条件変更内容説明書兼同意書

今回、ご応募いただいた弊社求人票に明示しました労働条件について、貴殿の職務経験、保有資格および面接内容等を踏まえ、当初の労働条件等について、以下の通り変更にご同意いただくことを前提に、貴殿を採用内定することとしました。

つきましては、労働条件変更内容等を十分ご確認いただき、これに同意し、当社に入社していただける場合は、下記同意欄に住所･氏名をご記入･ご押印のうえ、○年○月○日までに同封の返信用封筒にて弊社宛てご返送くださいませ。貴殿からの本書面返信をもって、貴殿の採用を正式に内定し、内定時の打ち合わせを行う予定です。

なお、本書面について、何かご質問、要望等があれば、下記へお問い合わせください。

記

１．労働条件の変更内容等

	求人票に当初明示した条件	変更後（採用時）の条件
契約期間	定めなし	１年間(更新の可能性あり)
基本給	月額25～30万円	月額25万円
職務手当	月額５万円	月額１万円

２．主な変更等の理由

当初、求人票で明示した労働条件は、○○資格保有者を想定していたものですが、貴殿は保有されておらず、業務適応範囲等を勘案し、基本給を決定し職務手当を減額しました。また、○○資格取得におおむね１年あれば可能ですから、それまでは１年の雇用契約期間を設けました。

３．本書面に関するお問い合わせ先

総務部長　○○　○○
電話 000-000-0000

【同意書】

本書記入日　　年　　月　　日

上記説明を受け理解のうえ、変更内容につき同意します。

住所

氏名　　　　　　　　　　　　㊞

◆同意事項はかならず書面で残す

厚生労働省の指針に「当初の明示と変更された後の内容を対照できる書面を交付する方法」と、あるように書面で明示し同意書として取っておくことは必須である。また、十分な情報提供をしたかどうかも重要なので、なぜ条件を変更したのかもできるだけ具体的に盛り込んでおく（文例12）。

実務上は、労働条件について「言った、言わなかった、聞いていない」というレベルのもめごとが後を絶たない。特に、何かが変わったり変わる場面は要注意だ。「なんで書面にしておかなかったのか」と悔しい思いをするも後の祭りである。

4 内定時の打ち合わせは必ず行う

内定時の打ち合わせというのは、内定から採用日前までの間に、労働条件の確認や提出書類の依頼などをするために行う打ち合わせである。中途採用の場合は、新卒と違って内定時期と採用日がさほど離れていないから、内定期間という意識はあまりないが、それでも採用日前に最低一度は行うべきだ。なお、採用日と入社日は必ずしも同じ日とは限らないが、本書では同日ということを前提にしている。

①　労働条件、職務内容などの再確認

会社としては当然のことでも、新しく入って来る人にとってはどれも分からないことばかりで、このような打ち合わせがその後の雇用関係の成否を左右する。確かに、面接本番は終わっているが、求人票の公開から数えると5回目、第5次面接のようなものだ（図表2・P18）。

◆今いる従業員との顔合わせ

内定時の打ち合わせでは、今いる従業員との顔合わせも重要だ。小さな会社で採用後に改めて社内の挨拶回りなどしている余裕はなく、この打ち合わせの時に行う。そうすることにより、職場に早く慣れてもらえるので、採用日から本格稼働も可能だ。

万一、職場の雰囲気に違和感がある場合は、採用を辞退して来るかもしれないが、採用後早々に辞められるよりありがたい。要は職場雰囲気も含めて、納得尽くで入社していただきたいのだ。

◆採用後のことを伝える

例えば、仕事で使う電卓は持参するようにとか、お茶用のマイカップ、もし事務所内では靴を脱ぐのであれば上履き用のマイスリッパが必要だということも伝える。さらに制服があれば採寸も必要だ。また、毎日9時始業直後に朝礼があり、その後にラジオ体操があるというようなことも伝えたい。

このようなことは、採用された側として気になるところではあるが、あちらからはなかなか聞きにくいことだから、会社から前もって伝えておく。朝礼やラジオ体操は、その実施が始業前か始業後かで、労働時間

文例13 就業規則確認書の例

就業規則確認書

日本おおぞら株式会社　御中

私は、本日確かに会社就業規則の説明を受けました。また、就業規則は休憩室に備え付けられていることを確認しました。

○年○月○日

氏　　名（自署）

の算定上しばしば問題となるからだ。なお、これらは一般的に労働時間になるとされている。

◆「こんなはずじゃなかった」を避ける

ここまで、応募者アンケートや面接で、労働条件や職務内容を提示して確認し合っていると思うが、面接などはお互いに緊張していて思い違いがあるかもしれない。だから、実際に採用されることを前提に再度確認し合う。採用後の「こんなはずじゃなかった」を避けるためだ。

この場合、面接時と同じく、求人票、履歴書、応募者アンケートなど紙に書かれたものを指さしながら確認し合う。ここでの確認がいわゆるファイナルアンサーとなり、雇用契約書に反映される。なお、前節で取り上げた、条件を変更して契約する場合も、この打ち合わせ時までには十分な説明、情報提供をして話を詰めておくことが必要だ。

◆場合によってはこの段階で就業規則を見せて確認させる

就業規則は、本来なら採用後に見せれば良いのかもしれないが、内定段階であるこの時期に見せて確認させるのも良い。就業規則といえば労働条件など職場のルールを定めたものだが、労働時間、休日、試用期間、服務規律など採用後は即適用になることも多く、それを納得して入社していただくのはとても重要である。

もちろん、就業規則を見せたら「就業規則確認書」（文例13）、または雇用契約書の中に確認済みの条項を入れておく。もし、採用した後に初めて就業規則を見せて、「こんなルールだったら入社しなかった」ということになると面倒な話になるからだ。

また、就業規則は法律上、常時各作業場の見やすい場所に掲示・備え付けたり、文書で交付するなどして周知することになっていることから、「就業規則確認書」では備え付けられた場所も確認させておく。

2 健康診断受診の指示をする

会社に義務付けられている雇い入れ時の健康診断は、小さな会社なら採用前に実施するのが現実的だ。また、採用というのは従業員やその家族の人生を預かるようなものだから、採用時点での健康状態を確定させておく点からも重要である。

◆会社には雇い入れ時の健康診断の実施義務がある

会社は従業員の雇い入れ時に健康診断を実施しなくてはならない（労働安全衛生規則第43条）。パートタイマーでも1週間の所定労働時間が正社員の4分の3以上あり、かつ期間の定めのない雇用契約などの要件を満たせば同様に実施義務がある。ただし、採用前3カ月以内に、法律の要件を満たす健康診断を受けており、その診断書を会社に提出する場合は、雇い入れ時の健康診断の省略が可能だ。

検査項目は既往歴および業務歴の調査や身長、体重、腹囲、視力及び聴力の検査など、法律で決められていて、その費用は会社に実施義務があることから会社負担とされている。

◆採用前に行うのがベター

雇い入れ時の健康診断を、具体的にいつ実施すべきなのか法律上の規定はないが、採用前3カ月以内に実施した健康診断で代用できることを考えれば、採用日を基準に前後3カ月以内が妥当である。そこで考えられるのが、内定から採用日までの間に実施することだ。採用後の実施だと半日なり職場を離れなくてはならず、小さな会社はそれだけでも負担になるからである。

また、健康診断実施中の賃金支払い義務はないとされているが、採用後に健康診断のため、3時間仕事を抜けたからといって賃金カットはしにくい。だから、できれば採用前に行うのがベターだ。

◆採用時点の健康状態を確定させる

雇用というのは、従業員やその家族の人生を預かるようなものだが、健康というのはかけがえのないものであり、人を大切にするという観点からも採用時点の健康状態を確定させることには意義がある。

また、この健康診断は、応募者の採否を決定するために実施するものではないことから、よほど重篤《じゅうとく》な病気が見つからない限り内定を取り消すことはできない。しかし、採用時点の健康状態を確定させることにより、採用前からの持病なのか、採用後に発症したものなのか判断が必要な際の証拠になりやすい。だから、採用時点の健康状態を確定させることは、会社のリスク対策でもある。

3 採用時の提出書類を文書で依頼する

採用日までに提出してもらう書類を文書で依頼する（文例14）。なお、マイナンバーの収集には厳格な手

文例14　入社時の提出書類等リストの例

入社時の提出書類等リスト

下記の依頼欄に○印のついた書類等を、○年○月○日までに、会社へ提出してください。また、提出の際は本リストを添付してください。なお、理由なく提出期限までに提出しない場合は、入社の希望がなかったものとみなし、雇用契約を締結しないことがあります。

記

No.	書類等名	依頼	受領	備　考
1	資格・免許の写し	○		採用条件に関係のあるもの
2	健康診断書	○		実施機関から交付され次第提出
3	健康診断に関する同意書	○		
4	身元保証書			印鑑証明書添付
5	通勤経路図	○		緊急連絡先を明記
6	雇用保険被保険者証	○		紛失の場合は不要
7	年金手帳	○		
8	配偶者年金手帳			配偶者を国民年金第３号にする場合
9	健康保険被扶養者　添付書類			健康保険協会が指定する書類等
10	源泉徴収票	○		就職した年に他の給与所得のある人
11	給与所得者の扶養控除等（異動）申告書	○		
12	賃金の口座振り込み依頼書	○		
13	マイカー通勤許可申請書	○		
14	自賠責保険証の写し	○		
15	自動車保険証の写し	○		対人・対物無制限
16	自動車運転免許証の写し	○		所持者のみ
17	住民票記載事項証明書	○		本籍地、マイナンバー記載のないもの
18	機密保持に関する誓約書	○		
19	マイナンバー	○		別紙「利用目的通知」参照
20	その他（　　　　　　　）			

Q＆A 書類の提出期限はいつにすべきか？

本書においては、応募者の負担を軽減するため採用日（入社日）として説明している。理想を言えば、採用日の１週間くらい前に全部揃うのが良い。１週間前に書類が揃うことで、会社が採用時に行う事務を先取りして処理することができるからだ。もちろん、そうなると内定日などすべての手順を前倒しして行う必要があり、中小企業の中途採用では少々難しいかもしれない。しかし、いくら遅くても、採用日には全部揃うようにしておくべきである。

順が決められており、別途、利用目的の通知が必要だ。こうすることで、採用時の手続きがスムーズにいくばかりか、真面目な人からは評価が高まりやすいし、そうでもない人は採用を辞退してくれやすい。

◆採用日までに提出してもらうならこの段階で依頼する

人を１人採用するとなると、実にさまざまな書類が必要だが、口頭だと漏れが出るので文書で依頼する。また、書類の多くは採用時の手続きに必要なので、採用日までにキチンと提出してもらうことが必要だ。そうなると、遅くともこの打ち合わせ時に依頼しておかなければならない。

もちろん、依頼するとは言っても、いきなりでは揃えにくいものもあるので、応募者アンケートや面接時などに、「採用時にはこんな書類が必要ですよ」と、アナウンスしておくことがポイントだ。

◆「キチンとした会社」のイメージを印象付ける

中途採用者の場合はほとんど前職がある。そうなると、良くも悪くも前職と比較されやすい。前職がいい加減だった場合、提出書類を文書により依頼するくらいのことでも自社の評価はグンと高まる。「小さいけどキチンとした会社なんだ」と。逆に、前職がキチンとしていた場合、このようなことは本人にとって当たり前であり、文書で依頼をしないだけでも自社の評価はがた落ちだ。「えっ、この会社大丈夫かな」と。

要は前職がどのような会社であろうと、自社でやるべきことを、やるべき段階でキチンとしておけば、評価は高まらないにしても落ちることはない。

◆依頼時の反応が1つの見極めになりやすい

提出書類をこのように依頼するにはもう1つ目的がある。書類を依頼した際の反応だが、入社への本気度など1つの見極めになりやすい。真面目な人は、リストを一つひとつ確認しながら、場合によっては内容について質問したりする。その時の表情は、この会社を選んで良かったという満足感が漂っているはずだ。

一方、そうでもない人はこの時点で採用を辞退しやすいが、これが狙いでもある。なぜなら、訳あって書類を提出できない人にとっては、これだけの書類を堂々と依頼されると、まるで踏み絵のようなもので、何とも都合が悪いからだ。

5 〝第二の人生組〟には転職したことを理解してもらう

今は60歳でもお元気な人が多いので、採用対象として応募者も多い。いわゆる第二の人生組だが、困るのは、まだ前職の会社に勤めているような感覚が抜けきれていない人だ。俗っぽく言えば、勤め人としての〝本籍地〟ともいえる在籍する会社の変更ができていないのである。そこで、採用前のこの時期に、転職したことを理解していただき、いわゆる〝本籍地〟を早めに変更してもらえるよう、やんわりとくぎを刺しておく。

図表28　大企業・中堅企業などからの一般再就職パターン

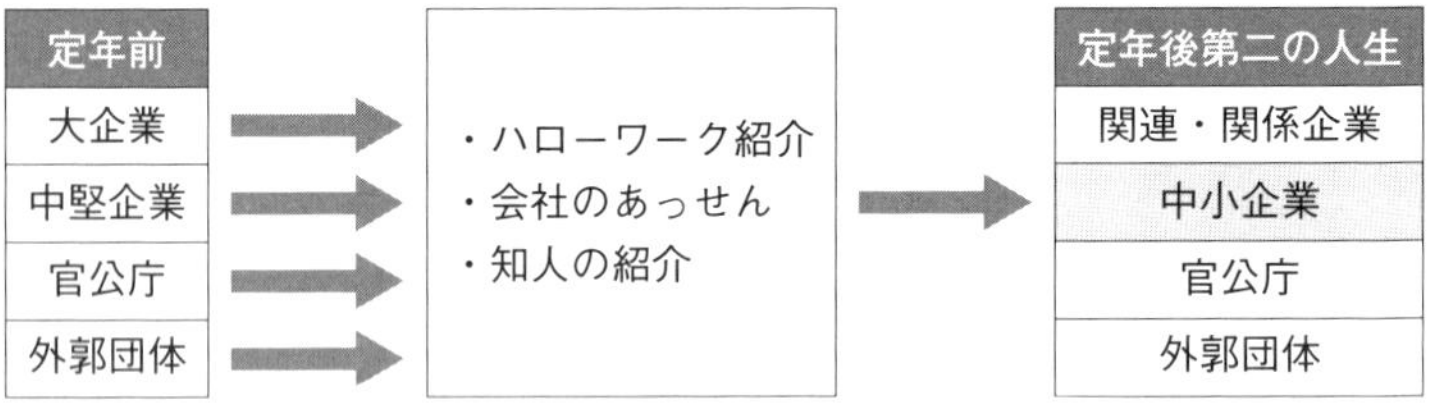

1 出向感覚の第二の人生組もいる

再就職しても、定年退職前の会社に勤めているような感覚、つまり、本籍地を変えきれていない人がたまにいる。再就職先は、あくまで一時的な仮住まいというかお客さん感覚の人だ。いつまでも前職の感覚が抜けきらず、つい「うち（前の会社）ではこうやっていた」などと口にする。

◆“第二の人生組”とは

第二の人生について、公式な定義があるわけではないが、一般的には会社を定年退職して、仕事人生を終え、悠々自適の生活を始める、という意味で用いられることが多い。しかし、今は60歳を過ぎても悠々自適の生活ができる人は少なく、定年後も再就職や今までの会社で再雇用となる人がほとんどだ。

とりわけ本書では、定年退職後、第二の人生として新たな会社に再就職する人を「第二の人生組」と呼ぶことにする。また、再就職にはいくつかのパターンがあるが、ここでは一般的に多い、大企業・中堅企業などから中小企業へ再就職する人を想定している（図表28）。

◆本籍地を変更しきれていない人も多い

第二の人生組で、よく問題となるのは本籍地の変更を忘れている人だ。つまり、定年まで勤めていた会社に、まだ在籍しているつもりで、再就職先にはたまたま出向で来ているような感覚の人である。このような人の口癖は「うちではこうしていた、ああしていた」で、前職の基準が物差しだ。

もちろん、その物差しが正しいとか正しくないというよりも、「うちでは……」という自慢げな上から目線の物言いに今いる従業員たちは違和感を持つ。「○○さんの〝うち〟ってどこなのかしら」と、何となく煙たがられる存在となる。

◆過去の栄光が抜けきらない人

確かに、定年まで勤め上げたわけだから、それなりに立派な経歴を積まれた人が多いと思う。中には部長さんなど会社の要職におられた方もいるだろう。しかし、再就職するということはスカウトされるなど一部の場合を除き、過去の栄光は定年退職によってリセットされたということだ。

特に、ハローワーク紹介による一般再就職の場合は、過去の栄光より現在の市場価値が重要なのである。口には出さなくても「自分は○○会社で部長をしていた人間だ！」という気持ちが抜けきれてない人も案外多いものだ。会社は〝名誉部長さん〟がほしいわけではない。

◆例えばこんな人

- 肩書きをつけて呼ばないと不機嫌になる人
- 何かあるとすぐ以前勤めていた会社に電話する人
- 普通の人があまり使わないような言葉を使い自分の知識をひけらかす人
- 何だかんだ小難しい組織論を口にする人
- 「私の経験では」などと過去の自慢話が多い人
- やたらと書類を作りたがったり、無造作にコピーをとりたがる人

・自分の殻をつくり今いる従業員と交わろうとしない人
・電話が鳴っても自分では出ようとしない人
・何でも仕切りたがるが自分では動かない人
・「できない」ことを前提に、それを正当化する理由を並べ立てる人

2 活用次第で貴重な戦力

本籍地の変更を忘れたままの人は面倒だが、そうでもない人は活用次第で貴重な戦力となる。そのためには、社風や文化の違いをお互いに理解することが大切であり、最終的にはお人柄だ。

◆中小企業の弱いところに強い

定年までしっかりとした会社に勤務されていた人は、パソコン技能やファイリングなど体系だった知識やそれなりのノウハウを持っていることが多い。この部分は一般的に中小企業では弱いところだ。確かに、採用直後は違和感もあるかもしれないが、自社になかったノウハウを吸収できると思えば多少のことは割り切ることも必要である。人の能力というのは60歳を過ぎたからといって急に衰えることはなく、優秀だった人は歳を重ねても優秀である場合が多い。

中小企業の強みは、家族的雰囲気で和気あいあいと働けるところだ。しかし、それだけではピリッとしないし、そのようなところに外部の空気が入ることにより組織がさらに活性化することだってある。

◆社風や文化の違いをお互いに理解する

法律上は同じ「株式会社」であっても、大企業・中堅企業・中小企業・小規模企業があり、というよりも企業ごとに仕事のやり方、もっと広く言えば社風や文化が全く違う。民間と官公庁ではもっと違うはずだ。だから、第二の人生組にとっては、いわゆるカルチャーショックとなりやすい。

もちろん、それは会社だって同じことである。「何となく小難しいことを言う人だ」などと、違和感を覚えることもあるだろうが、お互いに理解し合わないと溝は深まるばかりだ。それでも、面接などの過程で、どうしても理解できそうになければ採用しないことも1つの選択肢である。

◆最終的にはお人柄

第二の人生組の多くは60歳以上である。それの何がありがたいかといえば、豊富な人生経験だ。そのようなことは、現役時代をキチンと勤め上げられたからこそ生まれるものである。もちろん、これは個人差が大きいが、いわゆるお人柄だ。当然、会社で重宝されるのはお人柄の良い人である。残念ながら私もそうなのだが、60歳を過ぎて人柄が急に変わるとこはない。

拙著『ベテラン社員さんがグッとくる〝終わった人〟にさせない会社』（労働調査会）の中で、私は第二の人生組の人たちに取材して事例として取り上げた。そこに共通していたのは、会社が評価するお人柄の良さである。もちろん、どの方も再就職先では、なくてはならない存在だった。

3　こうやって本籍地を変更してもらう

当然、最初が肝心だが、前職の立場とは違うことを、つまり転職したことを理解させ、会社が何のために従業員として採用したのかを伝える。ただし、頭ごなしに言うのは逆効果なので、礼を尽くしながらも、やんわりとくぎを刺しておく。

◆最初が肝心

もちろん、再就職にあたり本籍地の変更を自ら済ませている人は良いが、そうでないこともあるので採用前の内定段階でキチンと伝えて変更していただく。何事も最初が肝心で内定段階というのはベストタイミングである。この段階なら、変更できるかどうかは別にして大体のことは聞き入れるものだ。

もしかしたら、「あなたにそんなことを言われる筋合いはない！」と怒って採用を辞退する人もいるかもしれないが、それはそれで採用後に辞められるよりありがたい。採用後はなかなか言いにくいし、「何で今頃そんなことを」とトラブルになることだってある。この手のトラブルは、仮に法律上では解決できたとしても、何とも後味の悪いものだ。

◆立場の違いを理解させる

指示をするのではなく、指示される人になったということを理解させなくてはならない。特に、定年前に大企業の管理職だったような人は、細かな仕事は全部部下がやってくれ、それを基に判断をする人ではなかっただろうか。例えば、報・連・相（報告・連絡・相談）についても受ける立場だったはずだ。

しかし、再就職でゼロからのスタートとなれば立場は逆転する。多くの場合は、自分の子どもくらいの年齢の上司や先輩の指示も受けなくてはならない。いくら小さな会社であっても経営者は経営者、上司は上司なのだ。いつまでも、以前のつもりでいると職場で浮いてしまって嫌われる。

文例15　内定打ち合わせご来社のお礼の文例

○年○月○日

○○　○○　様

日本おおぞら株式会社
代表取締役　○○　○○

内定打ち合わせご来社のお礼

前略　先日は打ち合わせにご来社いただきありがとうございました。

何回かお会いするにつれ、○○さんの素晴らしさを再認識したところです。

ところで、○○さんは長年にわたり、大手企業にお勤めでしたから、正直なところ弊社のように小規模な会社に驚かれているのではないかと思います。

しかし、そのような素振りも見せられず、弊社にとって頼もしい戦力になってくださると期待を新たにしたところです。

これから入社され、しばらくは社風の違いもあり戸惑われることも多いかとは思いますが、私をはじめ全従業員、ぜひ、○○さんのお力を貸していただきたいと思っております。

どうぞよろしくお願いします。

末筆ながら○○さんならびに奥様のご健康を心よりお祈り申し上げ、お礼かたがた勤務へのお願いとさせていただきます。　草々

◆何のために採用したのかを伝える

第二の人生組の場合、会社として求めるのは基本的に即戦力であるから、会社が何のために採用したのかをハッキリと伝える。だから、仕事の内容というのはとても重要だ。中には「何でもやります」と言って入社はしたものの、日を追うごとに仕事ぶりが変わってくる人もいる。注意をすれば、「何で私が……」などと感情が先に立ち嫌な思いをしてしまう。だから、何をやってもらうかを、こと細かく雇用契約書に盛り込む。

「勉強のつもりで頑張ります」などと耳触りの良い言葉でその場を濁す人もいるが、そんなつもりで取り組まれても困る。

◆礼を尽くしながらも、やんわりとくぎを刺しておく

いくら新入社員とはいえ、相手は立派な経歴を持つそれなりの年齢の人だ。そんな

人に面と向かって「本籍地を変更してくださいね」と頭ごなしに言ったところで逆効果である。だから、ここはあえてこちらから、礼を尽くしながらも、転職されたことを理解してもらうために、やんわりとくぎを刺しておくのも1つの手だ。具体的には内定時の打ち合わせが終わった後に差し出す手紙（**文例15**）だが、それなりの人にはそれなりの礼を尽くせば、それなりの対応をしてくれる。駅のトイレに貼ってある「いつもきれいに使っていただきありがとうございます」の張り紙と同じ方式だ。つまり、人の持つ「人から感謝されたい欲求」に訴え、こちらの望んでいる行動をとってもらうのである。

6 受け入れ準備は前日までに完了しておく

当然ながら、従業員の採用活動において採用はゴールではなくスタートだ。そのスタートをスムーズに切らせることで雇用関係が安定し、結果として採用の精度が高まる。そのためには、採用日の当日にバタバタせずに済むように受け入れ体制を整えたり、雇用契約書を準備することなど、雇用関係に関することは、採用日の前日までに完了しておく。

1 当日のドタバタは不安がられる

新しく勤める会社への初出勤日というのは、右も左も分からず緊張するものだ。会社にとっても、ここま

Q＆A　60歳以上の人は１年ごとの契約更新のほうが良いのか？

一概には言えない。１年ごとの契約でも５年を超えて更新された場合、本人の申し込みにより契約期間のなしの「無期労働契約」に転換される（労働契約法第18条）。もし、能力などが未知数で不安な場合は、とりあえず１年契約で採用し、その後問題なければ契約期間なしとするのも１つの方法だ。この場合、その人に適用される無期労働契約従業員用就業規則を作成しておく。

で手間暇かけた採用活動の大きな節目である。だから、当日会社の対応如何により、採用の成否を決すると言っても過言ではない。

◆右も左も分からない新人

年齢に関係なく、採用されて新たに入社して来る人は新人である。面接や内定時打ち合わせで何度か会社に来ているとはいえ、それはあくまで表面的であり、実のところどんな会社なのかは分からない。まして、その会社での習慣など知る由もないはずだ。要は右も左も分からない状態なのである。

学生の頃、転校して来た人が何も分からずに、不安な顔をしていたのを覚えているが、新人というのはちょうどそのようなものだ。だからこそ、迎える側である会社が、そのあたりを察して先手先手と思いやりのある心配りをすることが必要になる。人は不安な時に掛けられる何気ない一言にグッとくるものだ。

◆採用日の対応が採用の成否を決することも

川越式採用手順は、採用を必然的に成功させるというか、失敗しにくいしくみになっている。それは、採用活動の節目でやるべきことをキチンと行い、応募者に「さすが」と思わせ、その気にさせるからだ。

よく、優秀な人を採用したいと相談されるが、そんな人はそういない。どちらかといえば、ほどほどの人を会社に惚れさせて、その気にさせ優秀化するほうが現実的である。そのためにも、大きな節目である採用日に、当たり前のことをキチンと行うことが、採用成功の王道だ。採用に失敗する会社は、採用日に向けてあらかじめ準備するのではなく、採用してからドタバタと準備を始めている場合が多い。

◆こんなことでは見切られる

例えば、採用日に新人が出勤して来たものの、「誰が来たのだろう」というように冷ややかな目で見られたり、朝の忙しさにかまけてドタバタとするだけで、何の案内もなくぼーっと立たされっぱなしだったらどうだろうか。また、「とりあえず、そのあたりに座っておいて」と言われたものの、誰も挨拶もしてくれなかったりすれば、会社への入社意欲は急速に低下してしまう。

「私って、招かざる客なのかしら……だったら今のうちに」と、新人は会社を早々に見切り〝三日目退職〟への道をまっしぐら、会社がこれまで行ってきた採用活動が水の泡と消えてしまいかねないのである。

❷ 受け入れ体制を整える

せっかく採用されて入社して来た人に、気持ち良く社内に溶け込んでもらうには最低限度のことを整えておくことが必要だ。受け入れ体制というのは、社内へ向けて、誰が採用され出勤して来るかというくらいのアナウンス、出勤簿など時間管理ツール、そして必要な事務用品などの準備である。

◆社内へのアナウンスをしておく

これは面接日の対応と同じだ。少なくとも、「○月○日から○○さんという人が社員として採用され出勤して来ます」というくらいのアナウンスはしておく。もちろん、小さな会社なら、内定時の打ち合わせを行った際の顔合わせでも、いつから出勤するくらいのことを伝えるだろうが、そうでない場合は特に必須だ。

縁あって、自社を選んで応募していただき、こちらも採用して、これから仲間として一日の大半を一緒に過ごすのだから、人間関係は良好であるに越したことはない。というより、小さな会社であれば、人間関係がある程度良好でないと、採用されても勤め続ける気にならないはずだ。そのためにも雇用関係のはじまりである採用日はとても重要なのである。

◆出勤簿などを準備しておく

出勤したら、まず出勤簿またはタイムカードへの打刻だ。よって、最低限、採用日には名前の書かれたものが備えられておくことが必要である。そうしておいて、例えばタイムカードを打刻するタイミングについて、「出勤したらロッカーに私物をしまってから打刻してくださいね」などと説明する。このようなことは、採用日当日を逃すとなかなか言えないものだ。

今、世の中では「働き方改革」うんぬんと言われているが、何もそう大きな改革をせずとも雇用関係の基本は労働時間管理であることに何ら変わりはない。変わりがないというのは重要であるということで、このあたりをキチンとしておくためにも、出勤簿などの準備を抜かりなくやっておく。

◆事務用品などを準備しておく

実際に働いてもらう場合に、さまざまなものが必要になる。制服、名札、仕事で使う筆記具、机、ロッカー、パソコンなどだ。このようなものは目に見えるので準備してあるかどうかがハッキリ分かる。もちろん、今いる従業員に準備させることにより、会社が新人を大切にする姿勢が伝わりやすい。

また、このようなものがキチンと使える状態になっていると、「私のために準備してくださったんだ」と会社の真剣さが伝わるので「中途半端なことはできない」となりやすい。採用後の雇用関係がうまくいくかどうかは、このような小さなことの積み重ねで決まるものだ。逆に、このようなことがアバウトだと、真面目な人ほど不安になり、にわかに浮き足立つ。

3 雇用契約書を準備する

雇用契約書は、労働時間の売り買いを約束するものであり、遅くとも仕事をさせる前に取り交わすことが必要だ。もちろん、求人票段階から一つひとつ確認し合いながら、かつ社内での意見を調整したうえで作成し、採用日に取り交わしができるようにしておく。

◆採用日に取り交わす

雇用契約書は、採用日に取り交わすべきである。というより、取り交わす前に仕事をさせるべきではない。雇用契約というのは、簡単に言えば従業員の労働時間を賃金という代金を払って買う、従業員からしてみれば、会社に売る約束だが、時間は1秒たりとも止まらないし、さかのぼりもしないからだ。

つまり、代金としての賃金は採用日の始業時刻から1分単位で課金されており、働きが悪いからといって過ぎ去った時間の返品はできな

図表29 雇用契約書作成手順

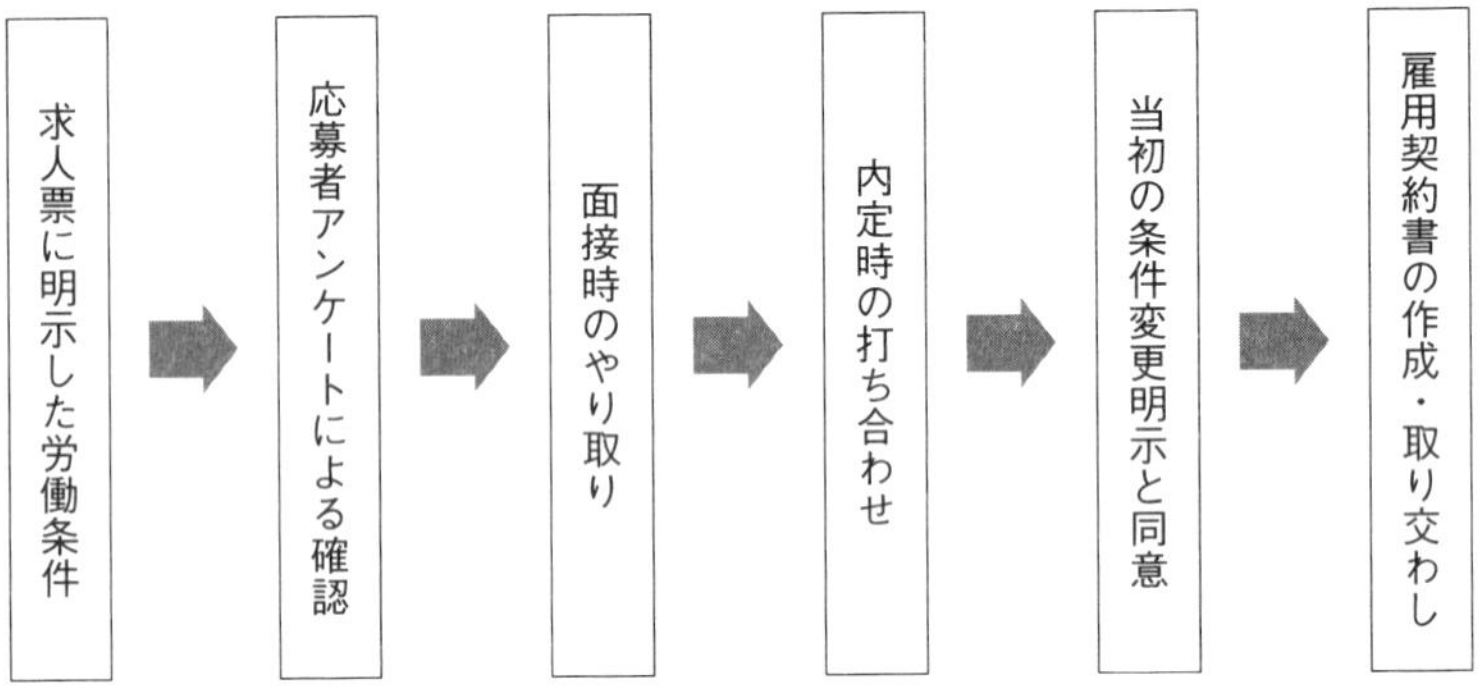

い。つまり、働かせた後になって契約うんぬんと言っても始まらないのである。そうなると、採用日当日「おはようございます」の後には雇用契約書を取り交わし、これにより晴れて自社の仲間になってもらえるのだ。

◆求人票からの積み上げ、社内で意見を一致させて作る

雇用契約書というのは、この時期にいきなりできるものではない。求人票、応募者アンケート、面接本番、内定時打ち合わせなどの各段階において、お互いに確認しながら積み上げられた労働条件を契約書という書面にまとめたものである（図表29）。

もう1つ大切なのは、雇用契約として提示する際には社内の意見を一致させることだ。小さな会社でよくある、社長夫妻間、会長と社長の親子間など経営者家族による意見の不一致である。考え方が違うのは仕方ないにしても、雇用契約の内容が経営者家族で不一致だと働く人は不安になるだけだ。だから、従業員として採用する人へ提示する前に、家庭内で十分に意見調整をしておく。

◆雇用契約内容の意味するところを理解しておく

雇用契約書は、会社と従業員の雇用関係における約束ごとを書面化したものだ。だから、従業員はもちろんのこと、会社も雇用契約内容の意味するところを理解しておくことが必要である。社長が理解できないような契約条項は入れるべきではない。もちろん、法律で絶対に記載しなくてはならないことは、その内容を専門家に聞いて理解のうえ、盛り込む。

ひな型としては**文例16**のようなもので、できるだけ具体的に、ほかに解釈の余地がないようにしておくことがポイントだ。なお、雇用契約書の内容は法令、労働協約（労働組合がある場合）、就業規則などに反してはならないことは当然である。また、求人票に当初明示した条件を変更して採用内定している場合は事前に提出してもらっている「労働条件変更内容説明書兼同意書」（**文例12・P209**）の内容を盛り込んでおく。

賃　金		3　所定時間外、休日又は深夜労働に対して支払われる割増賃金率 ※月平均所定労働時間は160時間とする。 イ　所定時間外・法定内（0）%、所定時間外・法定超（25）% ロ　法定休日（35）%、所定休日（25）% ハ　深夜（22時～5時）割増し（25）% 4　賃金締切日　毎月末日 5　賃金支払日　翌月10日（休日の場合は前日） 6　賃金の支払方法（銀行振り込み） 7　労使協定に基づく賃金支払時の控除（ 無 ） 8　昇　給（ 有 ） 9　賞　与（ 有 ） 10　退職金（ 有：中小企業退職金共済 ）
退職に関する事項		1　定年制（ 有 ）60歳 2　継続雇用制度（ 有 ）65歳まで希望者全員再雇用 3　自己都合退職の手続（退職する30日以上前に届け出ること） 4　退職・解雇の事由及び手続 退職及び解雇事由は就業規則第○条及び第○条のとおり、解雇の場合は30日以上前に予告または平均賃金の30日分以上の解雇予告手当を支給する。
その他	保険関係	・社会保険の適用（ 有 ）保険料控除は○月○日支払い賃金から ・雇用保険の適用（ 有 ）保険料控除は○月○日支払い賃金から ・労災の上乗せ保険（ 有 ） ・その他（　　　　　　　　）
	試用期間	3カ月間　ただし、雇い入れ後2週間を法定試用期間とし、適性なき場合は即時契約を解除します。また、試用期間満了後、正規雇用が困難と思われる場合は、30日前に通告して契約を解除します（詳しくは就業規則第○条）。 ・法定試用期間：○年○月○日～○年○月○日 ・会社試用期間：○年○月○日～○年○月○日
		・配置換え、職種変更があり得る。 ・勤務中は所定の制服を着用すること。 ・社内では原則として喫煙をしないこと。 ・その他（　　　　　　　　）

具体的に記載すると信用が高まる。

意外にも控除されることを理解していない人が多いので記載する。

認識のずれが多いので、具体的に記載しておく。

会社として絶対に守ってほしいことを具体的に記載する。

○年○月○日

雇用契約書を取り交わした日付になる。

雇用契約書のスタイルだから、双方が記名押印する。通知書のスタイルであれば雇用主だけの記名押印となる。

雇用主　日本おおぞら株式会社
代表取締役　○○　○○　㊞

住所　○○市○○町○番地

被用者　氏名　○○　○○　㊞
（署名の場合は印鑑不要）

文例17　雇用契約書の例

雇用契約書

タイトルは労働契約書、労働条件通知書、雇い入れ通知書などでも良いが、お互いに確認し押印することから、雇用契約書としている。

雇用主　日本おおぞら株式会社　代表取締役　○○　○○と被用者　○○　○○は下記条件にて雇用契約を締結する。本契約書は２部作成し各々１部を保管する。

契約期間	①　期間の定めなし　採用日：○年○月○日 ２　期間の定めあり（　年　月　日～　年　月　日）
更新の有無 ※契約期間の定めがある場合に記入	１　契約の更新の有無 ［・自動的に更新する　・更新する場合があり得る ・契約の更新はしない　・その他（　　　）］ ２　契約の更新は次により判断する。 ［・契約期間満了時の業務量　・勤務成績、態度　・能力 ・会社の経営状況　・従事している業務の進捗状況 ・その他（　　　）］
就業場所	日本おおぞら株式会社　本社
従事すべき業務の内容	・社会保険、労働保険関係事務　・給与計算事務 ・労働時間管理業務　・郵便物の受発信管理業務 ・その他、これらに付随する総務、庶務に関する業務 できるだけ具体的に記載しておく。
始業、終業の時刻、休憩時間、所定時間外労働の有無に関する事項	１　始業・終業の時刻 始業（ 9:00 ）　終業（ 18:00 ） ２　休憩時間（ 60分、12:00～13:00 ） ただし、業務の都合により上記の時間を変更することがある。この場合でも、就業時間内において分割又は継続した60分の休憩を取ること。 ３　所定時間外労働の有無 （ ㊒（ １日１時間、１カ月10時間、１年100時間程度 ）、無 ） ４　休日労働（ ㊒（年間３日程度）、無 ） ５　就業時転換の適用（ 無 ） 「休憩が取れていなかった」というクレームも多いことから、休憩取得を促すために記載しておく。
休　日	毎週土曜日、日曜日、祝日、その他
休　暇	１　年次有給休暇　法定どおり 採用後６カ月間未満の年次有給休暇はないので、理由を問わず欠勤の場合は賃金を控除する。その場合の計算方法は賃金規程第○条による。 ２　その他の休暇　有給（ 無 ）無給（ 育児休業、介護休業等 ） ※詳細は、就業規則：第○条～第○条 欠勤控除をする場合、このように記載しておくと控除しやすい。
2018年１月から、求人時の明示が義務付けらているので契約書にも記載しておく。	１　基本賃金　㋑　月給（ 200,000円 ）　ロ　時給（　　　） ２　諸手当の額又は計算方法 （定額残業 7,815円　時間外労働の有無に関わらず、５時間分の時間外手当として支給し、５時間を超える時間外労働分についての割増賃金は追加で支給する。） （通勤手当 5,000円　／計算方法：賃金規程第○条） ※ただし、会社試用期間中は上記に１、２にかかわらず、時給○円とする。 試用期間前後で変わるのであれば記載しておく。

Q＆A 会社で使用する文房具などは従業員負担にできるか？

文房具などの備品を従業員負担とすること自体は禁止する法令はない。ただし、電卓くらいは個人のものを使用するとしても、ボールペンやノートは会社負担とすべきではないだろうか。仮に、従業員負担とするのであれば求人段階から明示しておかないと「そんな話は聞いていない」ということになりかねない。

図表30 内定時のチェックリスト

No.	チェック項目	☑
1	自社の身の丈に合っているか	
2	自社の雰囲気に合っているか、一緒に働いて違和感がないか	
3	国の助成金を採否の判断基準にしていないか	
4	面接後3日以内に内定の連絡（電話・文書）をしたか	
5	内定通知書には今後の予定を記載したか	
6	不採用者へ返却する書類を汚していないか、特定記録郵便等で郵送したか	
7	応募者類を廃棄する場合は適切な方法で行い記録したか	
8	当初の労働条件を変更して契約する場合は理由などを十分に説明したか	
9	条件変更の同意を得る場合に応募者が考える時間を与えたか	
10	労働条件変更同意書は書面で残したか	
11	内定時打ち合わせで労働条件、職務内容などを再確認したか	
12	今いる従業員との顔合わせをしたか	
13	就業規則の説明をし確認サインをもらったか（しない場合は採用日に行う）	
14	採用日前実施で健康診断の予約をしたか、健康診断の指示をしたか	
15	提出書類を文書（リスト）にして依頼したか	
16	マイナンバーについては別途利用目的を通知したか	
17	第二の人生組に内定時打ち合わせ終了後のお礼状を出したか	
18	採用日のことを社内にアナウンスしたか	
19	出勤簿、事務用品などを準備したか	
20	手順を踏んで作成した雇用契約書を準備したか	

労務小話　第5話

育児休業給付金

おかず：ところで、雇用保険からは何か出るものがありますか？

ご隠居：会社を通じてハローワークに申請すれば「育児休業給付金」というのがあるぞ。ただし、育児休業開始時点で休業終了後に退職予定者は対象外じゃ。支給期間は、産後休業終了日（父親の場合は産後休業がないので出産日）の翌日から子どもが1歳になるまでの育児休業期間中じゃ。もちろん、保育所に入れない場合など、育児休業の延長が認められた場合はその期間も含む。支給額は、休業開始前賃金の67%、育児休業の開始から6カ月を過ぎたら50%じゃ。ただし、休業中に一定額以上のお給料が支給されると給付金は減額されたり出なかったりする。支給の手続きは、原則として2カ月に1回じゃが、本人が希望すれば1カ月ごとに申請できるんじゃ。

おかず：へぇー、雇用保険といえば失業保険と思ってましたけど、こんなのもあるんですね。

ご隠居：そうじゃな、この前の新聞にも「育児休業給付が雇用保険の給付全体の3割超」という記事が載っておったが、少子化対策で拡充しているのじゃろう。

おかず：だったら、わたしも、もっと少子化に貢献したいですね。

ご隠居：そだねー、その意思が大切じゃ。

（つづく）

第6章

定着率を高める採用時の〝かくし味〟

本章のポイント

一、採用日にまず行うべき3つの手順
二、採用日に"三日《みっか》三月《みつき》三年《さんねん》"対策を打つ
三、先輩社員をねぎらい新入社員を定着させる
四、歓迎会で人間関係をグンと深める
五、身元保証人さんへ身元保証引き受けのお礼を伝える
六、採用挨拶状で家族を味方につける

本章では、採用日と、その後2週間くらいまでを「採用時」として、この期間に行うべきことを中心に解説していく。なお、採用日と入社日は、場合によっては一致しないこともあるが、本書では同じ日であることを前提にしているので、本章においてもそのように取り扱う。

この期間は、従業員として採用されたとはいえ、雇用関係はまだ流動的だ。流動的というのは、実際に入社してみて分かることもあり、ミスマッチによる三日目退職など早期離職も少なくないからである。

だからそれを防ぎ、新入社員から「やっぱり入社して良かった」と、実感してもらえるような働きかけが必要だ。そのために、この段階からは川越式採用手順の基本的な考え方である「厳しく採って優しく雇用する」の、優しく雇用するモードに切り替え定着へ向け土台を固める。

図表31　第6章の全体構成

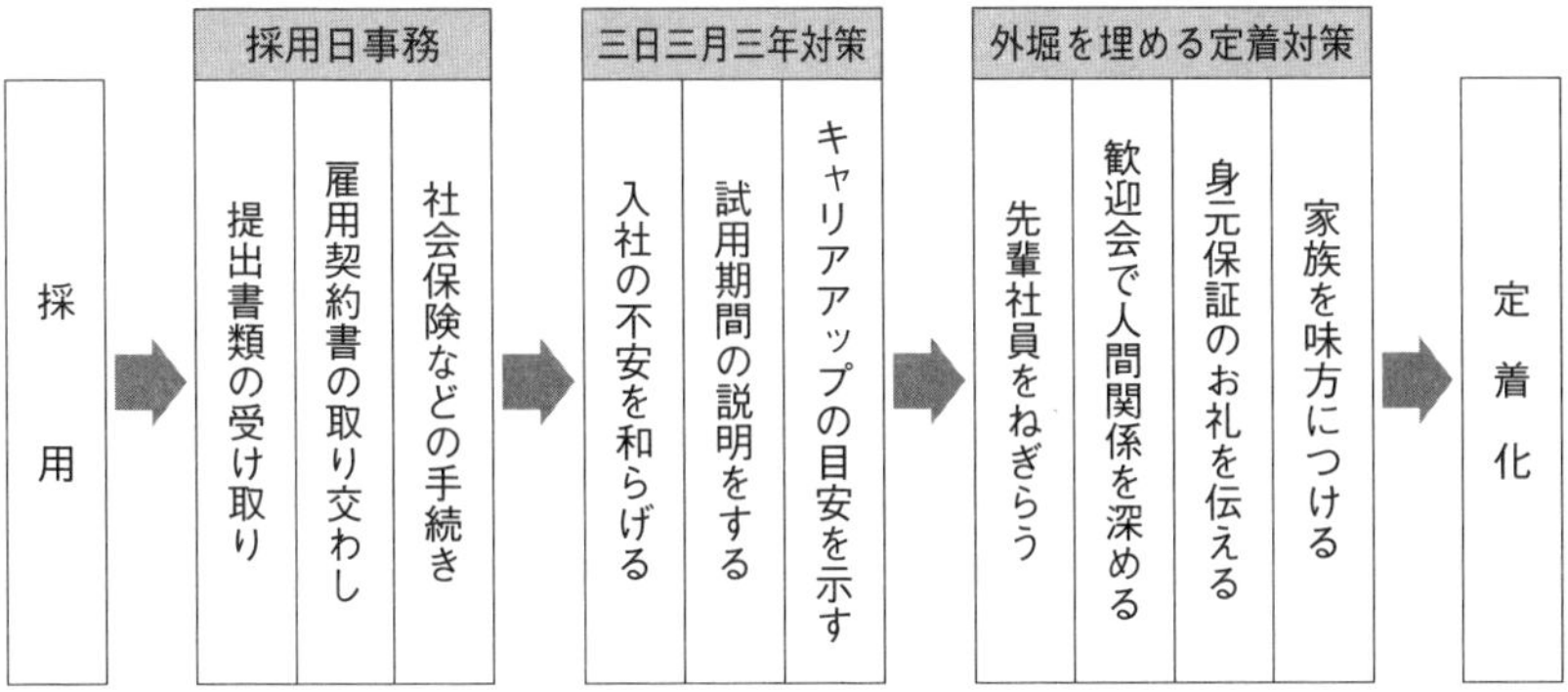

まず、採用日に必ず行うべきは、事前に依頼してあった書類の受け取り、雇用契約書の取り交わし、そして社会保険などの手続きだ。これらをキチンと行うかどうかが定着の良し悪しを決する。いくら雲の上のような話をしたところで、このあたりがなおざりでは、真面目な人は定着しない。そのうえで、人が会社を辞めたくなる時期である〝三日三月三年〟対策として明日に向けた方向性を示す。

次に、新入社員の身近にいて面倒を見てくれる先輩社員をその気にさせる。新入社員も大切だが、今いる従業員もやはり大切であり、中でも面倒を見てくれる先輩社員が、ある程度満足してこそ、新入社員に優しく親身に接してもらえるからだ。また、定着の重要な要素である社内の雰囲気づくりには、歓迎会が有効であり、ここではその幹事をしてくれた従業員に光を当てるのがミソである。

そして、定着率を高めるには新入社員本人のみならず、外堀を埋めるために、あの手この手と工夫も必要だ。例えば、身元保証を引き受けてくださった方へのお礼、新入社員の家族へ採用のご挨拶などである。このような小さなことをコツコツと積み重ねていくことが、定着率向上という大きな成果につながるのだ（図表31）。

1 採用日はこの3つから始める

採用日には、あらかじめ依頼しておいた提出書類の受け取り、雇用契約書の取り交わし、そして社会保険などの手続きをキチンと行う。もちろん、この順番で行う必要があり、どれか1つ抜けても採用活動はうまくいかないし、どれも採用後の定着に大きく影響する。下手に手を抜けば、ここまでの苦労が水の泡となりかねない。

1 まず提出書類をキチンと受け取る

まず、採用日の「いの一番」に行うべきは、あらかじめ依頼しておいた提出書類の受け取りだ。これは単なる書類の受け渡しではなく、どのように提出するかなど、見るべき点も多い。だから会社としては、まだ面接の延長線であるという認識で臨む。このようなところに、性格や人柄が出るものである。

◆書類の提出・受け取りは第6次面接のようなもの

採用日である入社日に行うべきは、内定時の打ち合わせで依頼しておいた書類の提出・受け取りである。このやり取りが面接と同じくらい重要な意味を持つ。なぜ、提出・受け取りが重要かといえば、書類がどのように提出されるかと、受け取った書類の内容が間違いないかを確認することができるからだ。

例えば、書類は両手を添えて提出されたか、依頼したリストの順に並べられているか、漏れはないか、依頼した内容の書類になっているか、などだ。見るべきポイントはいくらでもあるわけで、これは第6次面接のようなものである。

◆この程度のことができない人は仕事ぶりも似たようなもの

中には、何だかんだと理由をつけて、指定期日までに提出しない人だっている。確かに、健康診断書や前職の源泉徴収票など、交付すべき相手の都合で揃えられない場合もあるかもしれない。しかし、そのような場合も、あらかじめ会社に連絡して遅れることの承諾を得ておくべきだ。

このようなことは社会の常識であり、この程度のことができない人は、採用後の仕事ぶりも似たようなものである。このようなことは、採用日であるその日に行うべきであり、採用後数日も経って「あの書類を出して」というのは、少々間の抜けた話だ。会社が間の抜けた対応をするから、採用した従業員からも「この程度か」と、侮《あなど》られやすい。

◆提出しない場合は雇用契約を結ばない

書類の提出には性格や人柄が出やすい。キチンとした人はキチンと提出するし、そうでもない人はずるずると、もっともらしい言い訳をつけて提出が遅れたりするが、怪しい人が使うお決まりの手である。

もし、指定期日である採用日に、まともな理由なしにキチンと提出しない人とは雇用契約を結ばないほうが無難だ。もちろん、内定取り消しにはリスクも伴うが、なし崩し的に雇用契約を結ぶのもリスクである。川越式採用手順の基本は、採用した人を優しく雇用することであり、そのためにも採用の入口であるこの段階は厳格にしておくことが必要なのだ。

② 雇用契約書を取り交わす

次に、雇用契約書の取り交わしだ。重要なのは仕事をさせる前に取り交わすことであり、これが雇用関係を会社ペースで進めるポイントである。また、契約内容を十分に説明する手段として、雇用契約書を声に出して読み上げるのも1つの手だ。

◆仕事をさせる前に取り交わす

雇用契約書を取り交わす大きな目的は、役所のためではなく会社と従業員の関係をキチンとしておくためである。雇用契約は労務、簡単に言えば労働時間という目に見えないものの売り買いだから、その内容を目に見える契約書にしておくことが重要だ。

仕事をさせる前に取り交わすもう1つの目的は、雇用関係を会社ペースで進めることにある。口には出さなくても「いろいろあるだろうけど、あなたが労務を提供し、それを受け取るのは経営者である私だ」という雇用関係における立場の基本原則を堂々と示しておく。もちろん、これは主従関係ということではなく、労働時間の売主と買主という対等な関係である。

◆〝後出しジャンケン〟はNG

もちろん、雇用契約書の取り交わしに至るまでには**図表29**に示したように5つの手順を踏んでいるはずだから、取り交わす段階で新たに出てくるような契約条項はないはずだ。もし出てくるなら、それは後出しジャンケンでありNGである。雇用契約書というのは、単なる事務手続きの1つとして作るものではなく、求人票公開、面接などの各段階において、お互いに確認し合いながら積み上げた、雇用における合意書のようなものだからだ。

また、採用後しばらくしてから、雇用保険の手続きなどに必要だからと、急きょ作成して「これにサインして」といったやり方では、雇用関係はゆるくなるばかりである。ゆるい雇用関係の会社にはゆるい人が集まりやすく、キチンとした人は早々に辞めていく。

◆契約内容は声に出して説明する

雇用契約書は会社と従業員の関係をキチンとして、良好な雇用関係を築き維持させるためにある。だから、内容をお互いに理解しておくことが重要であり、十分に説明しておくことが必要だ。最近はよく「説明責任」という言葉が出てくる。何か起きた際に、どこまで説明責任が果たされていたかが問われやすい。

そのためには、雇用契約書を声に出して読み上げるのも1つの手だ。目で見るだけより声に出すことで理解が深まりやすいし、不具合に気付きやすい。ちなみに、私は執筆した原稿を声に出して確認するが、これが内容のチェックにとても役立つ。

もし、何かのトラブルになり会社の説明責任を問われた場合も「会社は採用時に雇用契約書を読み上げて説明していた」と言えれば会社の立場も悪くない。そして、説明を終えたらサインをしていただき、契約の取り交わし完了だが、この段階は必要以上に急がせないことがポイントだ。

3　社会保険などの手続きをキチンと行う

そして、社会保険などの手続きを採用日にキチンと行う。ここまで川越式採用手順を踏んで、採用までこぎつけた人は基本的に真面目な人だから、このあたりのことを意識して、キチンと行うことが採用後の定着向上の大きなポイントとなる。

Q＆A 本人が社会保険に加入したくない場合はどうすれば良いのか？

社会保険は、本人の希望のより加入・未加入の選択ができない。１週間の所定労働時間および１カ月の所定労働日数が加入要件を満たす場合は加入となる。もちろん、従業員の呼称がパートタイマーであろうが、臨時であろうが同じだ。この段階で、このようなことが起きないよう求人段階から保険の加入についも十分に説明しておく。

◆採用日に手続をする

社会保険や雇用保険の加入手続きには、届出期限がある。社会保険は採用日から5日以内（船員は10日以内）、雇用保険は採用日の翌月10日までだ。だから、この届出期限までに手続きを済ませれば、誰からケチをつけられることもない。

しかし、私はあえて採用日当日に手続きすることをすすめている。なぜなら、採用した人に会社の真剣さを伝えるためだ。「会社もやるべきことをキチンとやるから、あなたもお願いね」という姿勢を、カタチで示すにはこれが分かりやすい。そのためには、採用日までに保険関係の手続きに必要な書類が必要になる。だから、あらかじめ依頼して採用日に提出してもらうのだ。

◆様子を見るから様子を見られる

もちろん、採用後すぐに辞められたら1カ月分の社会保険料や手続きの手間も無駄になる。だから、しばらく様子を見ておきたいというのも分からないではない。しかし、会社が様子を見れば、採用された従業員からも様子を見られる。様子を見られるというのは、採用はされたものの、このまま勤め続けるかどうか状況を見極められているということだ。「会社がそういうつもりなら私だって……」と。

中には「3カ月の試用期間中は社会保険なし」という違法な合意を取り付け、さも合法的かのように行われている会社もある。しかし、今どき普通の人なら、このようなことが違法であることくらいは分かっているので、会社に対する信頼感は徐々に、そして確実に低下していく。

◆不正には加担しない

めったにあることではないが、意図しなくても会社が雇用保険の不正受給に加担させられている場合がある。「失業保険が今月までもらえるので、雇用保険は来月からの加入にしてもらえませんか？」と言われ「良いですよ」と了解すれば加担したということだ。

このようなことも、最初は「できればお願いします」と低姿勢だが、いったん加担してしまうと立場は逆転してしまう。仮に不正受給が発覚した場合「会社が良いって言ったじゃないですか」と、開き直られてゆすりまがいの態度に出たりする。テレビのサスペンスドラマでよくある場面だが、犯罪に加担させたほうが強くなるのと同じで会社の立場は逆転し、加担させられた会社の立場は一気に悪くなる。

2　採用日に〝三日《みっか》三月《みつき》三年《さんねん》〟対策を打つ

よく、会社を辞めたいと考える時期として〝三日三月三年〟といわれる。元々は芸事や修行の心構えからきている言葉らしく、「三日我慢すれば三カ月は耐えられる。三カ月耐えられれば三年は頑張れる」という意味のようだ。だから、その時期を見据えて「頑張ってみよう」と思えるような対策を打つ。

1 入社に対する不安を和らげる

三日三月三年における1つ目の山は採用後3日目だが、現実的にも三日目退職は多い。すでにある組織に入って来る新入社員の緊張や不安というのは、こちらが考えている何倍も大きいものだ。だから、それをいくらかでも和らげられるよう、まずは採用に対する思いなどを言葉で伝える。

◆採用後の3日間は重要

「三日坊主」「……は三日で飽きるが……は三日で慣れる」などといわれるが、良くも悪くも3日間というのは1つの区切りであり、採用後の3日間は特に重要だ。何しろ、昨日まで他人だった人たちと1日8時間以上一緒に過ごすのである。もちろん、雇用関係であり親戚になるわけではないが、すでにある組織に入って来る新入社員の緊張は計り知れない。学校の部活動において、1人新入部員として入った感覚とちょうど同じようなものである。

特に、今いる従業員と年齢差が大きかったりすれば、休憩時間の話題、服装の好みなどギャップが大きいはずだ。面接は非日常だから乗り越えたとしても、採用後は日常の連続である。いわゆるミスマッチといわれるものであり、現実的にも三日目退職というのは多い。

◆社長の採用に対する思いを伝える

雇用関係というのは、簡単に言えば労務を提供する従業員と、それを受け取る雇用主である社長の関係だ。だから、社長がなぜ採用したかという思いを伝えると、迫力があるし新入社員も安心する。特に小さな会社ほど、不安な印象を持たれやすいので安心感を与える工夫が必要だ。

例えば、「このたびは縁あって入社していただきありがとうございます。〇〇さんには今日、明日ではなく1年先、2年先の戦力として採用させていただきました。慣れないうちは大変でしょうが、コツコツと努力していただければ必ず花開きます。不安もあるとは思いますが、みんなでフォローしますのでよろしくお願いします」というように。

◆「分かっているだろう」は難しい時代

私も含めて昭和の経営者は、思ってはいるものの、「分かっているだろう」と、思いを口にすることを潔《いさぎよ》しとしないというか苦手な人が多い。「俺の目を見ろ　何んにもゆうな……」（兄弟仁義：北島三郎）の時代は、はるかに遠い。そもそも、この歌を知っている人が少ない時代だ。

すべてを言わずとも、「察してくれ」と言いたいところ、今は夫婦間、親子間でもそれが難しい時代である。特に、採用時という人間関係がゼロに近い新入社員にとっては不安な時期だ。また、最近何かと〝忖度《そんたく》〟なる言葉が使われるが、そのようなことができるのは、あるレベル以上の人たちだけである。だからこそ、こちらからの思いを言葉で伝えることにより不安を和らげたい。

❷ 試用期間について説明する

三日三月三年において2つ目の山は採用後3カ月だ。この時期は、一般的に多い会社試用期間と一致する。だから、この試用期間満了時に到達してほしい目標を具体的に示して「ここまで頑張れば良い」という道筋を示す。新入社員にしてみれば、先のことが分かるので安心感が高まりやすい。

図表32　法定試用期間と会社試用期間

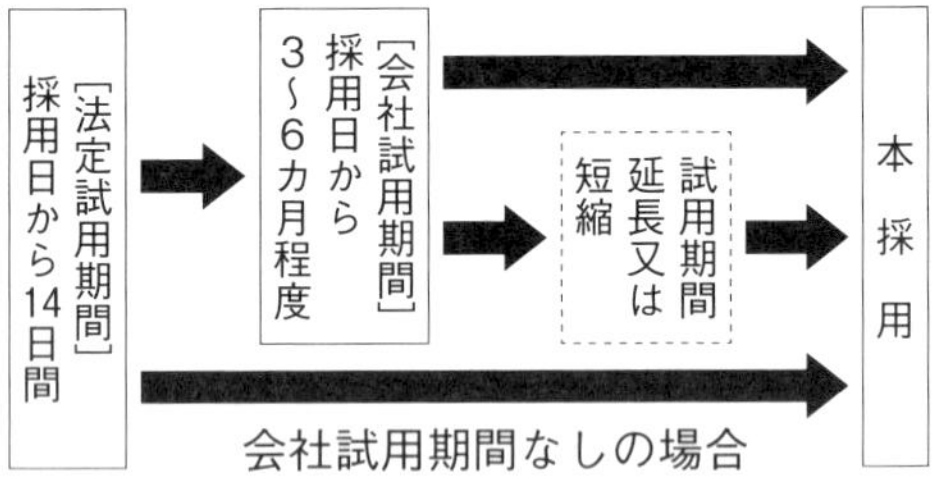

※期間は暦日数による。

◆2つの試用期間

試用期間には、いわゆる法定試用期間と会社試用期間がある（図表32）。

前者は労働基準法第21条に定められた、「試《こころ》みの使用期間」であり、一般的に法定試用期間といわれている。採用日（勤務開始日）から起算して14日以内であれば、労働基準法上の解雇手続きが免除される期間だ。もちろん、少なくとも30日以上前の解雇予告など、解雇の手続きが免除されるだけで、解雇するにはそれなりの理由が求められる。

そして、後者は会社の就業規則などで定めた試用期間であり、一般的には、採用日から起算して3カ月から6カ月程度が多い。前者と違ってこの間に解雇する場合は、少なくとも30日以上前の解雇予告など、労働基準法上の解雇手続きが必要であり、当然ながら、それなりの解雇理由も必要だ。

◆形式的になりやすい試用期間

試用期間というのは、会社が人材を採用した後に一定期間を区切ってその能力や適性、勤務態度などを見極める期間のことである。会社としては、本採用すべきか否かを見極める重要なお試し期間だ。一方、新入社員にとっても、この会社で本採用されて勤務を続けるかどうか見極める期間でもある。

しかし、実際には試用期間満了で解雇されることもほとんどなく、また、試用期間の前後で労働条件が極端に変わることもない。だから、大切な期間にかかわらず形式的になりやすく、言われてみれば、いつの間にか試用期間が終わっていたということになる。

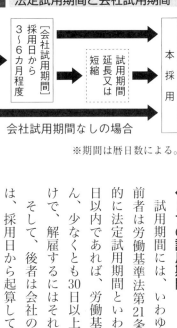

図表33　試用期間満了時の到達目標レベルの例

	到達目標レベル	☑
1	朝夕の挨拶がしっかりできること	
2	同僚などとの協調性があること	
3	上司・先輩の指示に従っていること	
4	無断欠勤、遅刻、早退がないこと	
5	“ゆとり”をもって報・連・相ができること	
6	手順に沿って安全な作業ができること	
7	就業規則の違反行為がないこと	
8	仕事関連の勉強を積極的に行っていること	
9	簡単な電話応対ができること	
10	（　　　　　　　）が１人でできること	
11	（　　　　　　　）が時間内にできること	
12	その他（　　　　　　　）	

◆到達してほしいレベルを具体的に伝える

例えば、走り高跳びというスポーツがあるが、あれだってプレイヤーにクリアすべきバーの高さが見えるから頑張れるのではないだろうか。バーの高さが見えずに、ただ単に「高く跳べ」だけではちょっと無理がある。自分では軽く越えたつもりが、バーには遠く及ばなかったりすることもあるかもしれない。

試用期間も同じようなことだ。どのようなことができたら試用期間をクリアできるというか、３カ月後には、正社員としてこうあってほしいという、期待することを具体的に伝える（図表33）。そのようなことを伝えるのは、お互いに前向きな採用日がベストだ。人は期待されるから嬉しいし「仕事はちょっときついけど、もう少し頑張ろうかな」という気になりやすい。

3　キャリアアップの目安を示す

三日三月三年において３つ目の山は勤続３年目だ。３年目に辞めるというのは、会社のこともだいぶ分かり、先の見通しに不安を感じての場合が多い。もちろん、こんなことは3年目に手を打っても遅く、採用時からできるだけ具体的な道筋を示しておく。

◆採用後3年で辞められたら大損失

「石の上にも三年」というが、採用後3年で辞められることほど会社にとっての痛手はない。辞める理由をあれこれつけてくるが、結局のところ会社に見切りをつけてのことである。先輩を見ていて、なんとなく自分の将来とか業界の先行きや、会社の将来性が見えてくる時期でもあり、青い鳥を捕まえに出ていってしまう。ようやく一人前になろうとしていた矢先に辞められるということは、これまでの採用・育成投資額のみならず、勤め続けていれば稼いでくれたであろう収益が得られないなど会社損失は計り知れない。

それを防ぐ決定打があるわけではないが、1つは採用時から、「真面目にコツコツ頑張ればこうなるんだ」という将来の見通しを具体的に示しておくことも必要だ。特に真面目な人ほど、先行きのことを気にするので、なおさらである。

◆先行きの見通しを示す

今の若者は堅実な面があるゆえ、老後の年金制度など社会に不安を感じているといわれている。だから、ある程度先行きの見通しを示すことも必要だ。もちろん採用したばかりなのに、先行きの見通しといわれても難しいが、大体3年先くらいのことは示したほうが良いのかもしれない。3年目退職予防策は会社にとっ

Q＆A 資格・免許の取得奨励でキャリアアップの道筋を示すため具体的にはどうしたら良いのか？

例えば、会社として取得してほしい資格・免許をリストアップし、それに対して取得した場合の手当や一時金を定める。また、取得のために必要な費用や受験勉強のための時間をどう取り扱うのか、個人負担の費用が多額である場合の貸付制度など決めておくと良い。このようなことを「キャリアアップ規程」などにまとめておくと、新入社員にも説明しやすい。

ても重要な課題だからである。

先行きの見通しの1つは、いわゆるキャリアアップの目安だが、中小企業でもすぐに取り組めて、新入社員にも分かりやすいのは資格・免許の取得奨励だ。これを昇格基準や手当などの処遇に反映させることで、キャリアアップに向けた道筋を示すことになる。

◆資格・免許の取得奨励でキャリアアップの道筋を示す

今は、いろんな分野に数多くの資格や免許があるので、これの取得をキャリアアップの1つとして活用できる。体系的に学習でき、結果が客観的に評価できるからだ。例えば、勤続3年目までに取得してほしい資格・免許を定め、そのために日常的にどのような学習が必要なのかを示す。

こうすることで単に「将来に向けてキャリアアップしてください」と言うよりも何をどのようにすれば良いのか具体的になるので新入社員も取り組みやすい。中小企業が独自の昇格基準を作ろうとしてもなかなか難しいものである。また、資格・免許は結果が客観的なので、それを活用した昇格基準は公正となり、昇格に向けたモチベーションも高くなるというものだ。

3　先輩社員をねぎらい新入社員を定着させる

たとえ完璧に採用したつもりでも、多少のミスマッチはあるし仕方のないことだ。だから、社内の雰囲気を良くするなどして、ミスマッチをいくらかでもカバーすることが必要である。この場合、カギを握るのは身近にいて新入社員の面倒を見てくれる先輩社員であり、そのために先輩社員宛てに差し出すのが、三方よしの新入社員育成お礼状だ。

1 多少のミスマッチは雰囲気でカバーする

せっかく採用した新入社員が、早々に辞めてしまう大きな原因は、入社前に思い描いていたことと現実のギャップである。一般的にはミスマッチという言い方もできるが、そもそもお互いの思いが１００％一致することなどない。だから、ミスマッチがあることを前提に、それをいくらかでもカバーする努力も必要だ。

◆雇ってみて、入社してみて分かることもある

求人票の公開から始まり、応募者アンケート、面接などを通じて何度か会って、お互いにある程度は分かり合えたと思っていても、実際に雇ってみて、また、入社してみると「なんか違うわ」なんてことも多い。新入社員にしてみれば「社長は面接の時、にこにこしていたのに……」。会社にしても「打ち合わせの時は、明るかったのに……」などと違いに気付くこともある。

好き合って結婚した夫婦であっても、同じ屋根の下で暮らし始めると、睡眠時間や快適気温の違い、テレビ番組の好みなど、どうでもいいようなことが気になったりするのと同じだ。雇用関係は基本的に好き合っているわけではないので、なおさらかもしれない。

◆多少のミスマッチはカバーするのが現実的

従業員に１００％の人がいないのと同じで、経営者にもそんな人はいない。だから雇用関係はお互い様で

あり、多少の我慢は必要だ。また、たとえ面接を念入りにやったところで、一定のミスマッチがあることは仕方ない。だから、それをいくらかでもカバーする努力をするほうが現実的である。もちろん、このようなことは雇用関係に限ったことではなく、夫婦関係や近隣関係でも同じようなことだ。

その際に重要なのが会社の雰囲気だ。雰囲気が良ければ多少のミスマッチは目立たなくなり、「まっ、いいか」ということになりやすい。これが逆だとミスマッチは広がるばかりだ。また、その雰囲気づくりの成否は経営者次第だということは言うまでもない。

◆今いる従業員が満足してこその雰囲気づくり

定着といえば、どうしても新入社員に目が向くのは当然である。しかし、その新入社員が定着するかどうかは、受け入れ側である社内の雰囲気次第であることは言うまでもなく、良くも悪くもそれをつくるのは今いる従業員だ。私は従来から、人を採用しようとする場合は、まず今いる従業員の満足度を高めるべきだと主張している。そうしないと、新入社員を気持ち良く受け入れようという気にはならないだろうし、採用してもすぐに辞められるからだ。

多くの場合、従業員が直接不満をぶつけるのは経営者ではなく、自分より立場の弱い人となりやすく、その矛先《ほこさき》になりやすいのが入社早々の新入社員なのである。逆に満足度が高ければ、会社のために新入社員を一所懸命に育てようと真に優しく接しやすい。

❷ 身近な先輩社員の労をねぎらう

新入社員の定着には社内の雰囲気が大きく影響しやすい。そのカギを握るのは、身近にいて新入社員の面倒を見てくれている先輩社員だ。人は人から認められることにより幸せになれる。だから、面倒を見てくれている先輩社員の労を認めて感謝しねぎらいの気持ちをさりげなく伝える。

◆先輩社員が定着のカギを握る

先述したように、会社の雰囲気は良くも悪くも今いる従業員がつくる。中でも、身近にいる先輩社員の影響は大きいものだ。新入社員と年齢や経験年数が近い場合はなおさらで、日常の生活を通じて自然と親密な関係となりやすい。いわば年の近い兄弟のようなものだから、新入社員の定着にとって大きなカギを握る。

また、中小企業には教育係のような専門部署はないことがほとんどであり、新入社員に仕事を教えたり、日常的な面倒は身近にいる先輩社員が、自分の仕事をこなしながら見てくれることが多い。それにより先輩社員自身も成長する。ちょうど、弟や妹ができるとそれまで甘えてばかりだった上の子が急にしっかりするのと同じようなことだ。

◆認められることで幸せになる

「人を大切にする経営学会」会長の坂本光司先生は、人の幸せは4つだと言われている。人にほめられること、人に必要とされること、人の役に立つこと、そして人に愛されることだ。つまり、これら4つは自分のためではなく、人から認められることにより幸せになれるということである。言い換えれば、人から感謝されることに喜びを感じるということではないだろうか。

先輩社員は、自分の仕事もあるので半分は面倒くさいと思いながらも、新入社員を育てることにより、多少なりとも人の役に立ったという喜びがあるはずだ。しかし、誰からも注目されないとその喜びも薄れる。だから会社として、節目の時期にそれを認めて感謝し労をねぎらう。

◆さりげなく労をねぎらう

労をねぎらう方法はいろいろあると思うが、ここでご紹介するのは、採用日直後の給料袋に入れてさりげなく渡す、新入社員育成お礼状なる手紙だ（文例17）。手紙を差し出す相手は、新入社員の身近で面倒をみてくれている先輩社員である。手紙の主な内容としては、新入社員育成に対する感謝だ。

しかし、この手紙を差し出すのは、大体採用後1カ月以内だから、まだ本当に育成してくれているのかどうか分からない時期でもある。それでも、この手のことは早めにやったほうが良い。前もって、先輩社員の労を認めて感謝し「新入社員をよろしくね」という意味合いもあるからだ。人は先に感謝されると、感謝されるような行動をとりやすいものである。

3　三方よしの新入社員育成お礼状

新入社員育成お礼状は先輩社員に対して、新入社員を採用した直後の給料袋に入れて渡すことを想定しているが、その効果は手紙をもらった人だけにとどまらない。自分の成長を社長に認められて新入社員よし。結果として社内の雰囲気が良くなって会社よし。つまり三方よしなのだ。

◆労が報われ先輩社員よし

人手不足の折から、苦労して採用された新入社員は何かとちやほやされやすい。しかし、自分の仕事をこなしながら、新入社員の面倒を見てくれる先輩社員には光が当たりにくいのではないだろうか。「新入社員は良いな。面倒を見てやっているのは私なのに……」と。

文例17　先輩社員宛ての新入社員育成お礼状の例

〇〇さん、いつもありがとうございます。

さて、早いもので△△さんが入社して一カ月が過ぎようとしています。この間、〇〇さんには、自分の仕事をこなしながら、身近な先輩として何かと面倒を見ていただき大変助かります。ありがとうございます。△△さんは未経験者ということで心配もしていましたが、お陰様でだいぶ慣れてきてくれているようです。

先日、△△さんも「〇〇さんには、良くしてもらっています」と言っていました。

当社はチームワークで仕事をしますから、〇〇さんのように、新入社員の面倒をよく見てくれる人がいると、とても助かります。

これから先も、まだまだ教えていただくことも多いのですが、引き続き面倒を見ていただければ幸いです。
△△さんの入社一カ月を迎えるに当たり、日頃のご苦労に心より感謝申し上げ、お礼とさせていただきます。

〇年〇月〇日

日本おおぞら株式会社
代表取締役　〇〇　〇〇

Q＆A　先輩社員が、いわゆる“お局《つぼね》さん”タイプのような場合、それでもこのような新入社員育成お礼状を差し出す必要があるのか？

確かに、たまにそのような先輩社員もいるが、かえってそのような人には出しておいたほうが良い。お局さんといわれる人も、悪気はなく実は会社のために熱が入り過ぎて、つい厳しい指導をしてしまっている場合もある。ただし、今の若い人はそのような愛の鞭に慣れていない。だから、今の若い人も対応できるような教え方をしてもらうよう、あらかじめやんわりと釘をさしておく意味もある。

そのようなときに、給料袋の中に思いがけない社長からのお礼状だ。仮に数行であってもその思いは十分に伝わる。まして自筆だとなおさらだ。「えっ、社長は黙っているけど私のことをちゃんと気に掛けてくれているのね」。忙しさのあまり、少々お疲れ気味だった気持ちも何となく癒されるというものだ。これで労が報われ先輩社員よし。

◆自分の成長を社長に認められ新入社員よし

人は直接褒められたり、認められるのも嬉しいが、第三者をとおしてだとその喜びは何倍にもなるものだ。例えば、自分のことを、ある人が誰かに褒めてくれていて、そのことがめぐりめぐって自分の耳に入った時である。「○○さんがあなたのこと、とても親切な人だって言ってたよ」。

いわゆる〝裏褒め〟とかいわれるものだが、正直言って嬉しいものだ。

このお礼状にも〝裏褒め〟がある。先輩社員の指導もあって新入社員が順調に育っているという社長の思いが先輩社員を通じて新入社員へ伝わることになれば、嬉しくないはずはない。これで成長が認められて新入社員よし。

◆社内の雰囲気が良くなり会社よし

新入社員に限らず従業員の定着というのは、経営上も重要なことである。そして、定着の大きな要因は社内の雰囲気だが、簡単に言えば人間関係だ。一般的には、自分が優しく接してもらえれば良い人間関係だと感じるだろうし、そうでなければ悪い人間関係だと感じとるものである。

新入社員育成お礼状では、新入社員の成長を評価し、その面倒を見てくれている先輩社員の労をねぎらう。また、新入社員が先輩社員のことを評価していることを、社長の言葉をとおして伝えるところがミソだ。このようなことで、新入社員と先輩社員の関係も良くなる。「仕事はまだまだだけど、私のことわかってくれているのね」と、先輩社員。これで社内の雰囲気が良くなって会社よし。

4 歓迎会で人間関係をグンと深める

新入社員を定着させるためには社内に早く溶け込んでもらうことが必要であり、その1つが採用後2週間目くらいまでに行う歓迎会である。また、この歓迎会は新入社員だけのために行うのではなく、他の従業員にも良い影響を及ぼす。特に、幹事の労をねぎらうことで、社内の人間関係はグンと深まる。

1 2週間目くらいまでに行う

今は中小企業でも、従業員同士で話すことも少なく人間関係が深まりにくい。だから、採用後2週間目くらいまでに歓迎会を開催し、みんなで一緒に食事をすることも必要だ。その際に気をつけるべきは、社長が張り切り過ぎて歓迎会が独演会にならないようにすることである。

◆深まりにくくなっている人間関係

同じ会社の人間になったとはいえ、入社早々というのはまだしっくりとこない。しっくりこないというのは、社内に新入社員がいることにみんながまだ慣れていなくて、お互いに理解し合えているとまではいえない状態であるということだ。特に、最近は中小企業でもＩＴ化が進んでおり、隣にいてもメールで済ませるなど従業員同士で話すことが少ないし、懇親会を行う会社も少なくなっているので人間関係が深まりにくい。

だから、採用後2週間目くらいをめどに、新入社員の歓迎会を開催してはどうだろうか。もちろん、小さな会社なら全社員で、大きな会社であれば部門ごととか、とにかく職場全員参加を原則とする。もちろん、夜間は何かと制約もあるのでお昼のランチでも構わない。

◆みんなで一緒に食べることに意味がある

例えば、外部のセミナーに参加し1日中席を隣にしても、話さなければ親しくなりようもない。仮に話したところで、話だけではさほど親しくなりにくいものだ。しかし、その後に懇親会があると、参加者同士が一気に打ち解けて親しくなる。もちろん、これは私のような〝酒飲み〟だけかもしれないが……。

雇用関係でも同じようなことで、仕事だけの関係ではなく歓迎会で一度でも一緒に食事をすれば、新入社員も仲間に入りやすい。従業員それぞれに立場も仕事内容も違うが、食事をすることに限って言えばみんな同じだ。みんなで同じことをするから共通の思い出となり、その後の仕事でも協働がしやすくなる。

◆社長の独演会にならないように注意する

歓迎会で食事をするのは大いに結構なことだ。しかし、せっかくの機会だからと、経営方針や従業員心得などをこの場で引っ張り出すのは考えものである。もちろん、従業員は立場上、真顔で相づちは打ってくれるだろうが、「また始まった」と腹の中で冷笑されているのが落ちだ。

そもそも、歓迎会は新入社員を喜び迎える会なので、その場はとにかく食事に徹すれば良い。このような場で、「あるべき論」など説教じみた話は野暮だし、そんな理屈っぽい話は歓迎会の効果を半減させてしまう。人を歓迎するということは、理屈で理解させることではなく気持ちを感じてもらうことだ。だから、ここは話したいところをグッと堪えて、聞き役に徹する。

2 歓迎会は新入社員だけのためではない

歓迎会というのは、会社全体として新入社員を歓迎しているということが伝わりやすい。もちろん、歓迎会の主役は新入社員だが、その幹事を担ってくれる従業員にも光を当てるべきである。そのようなあたたかい配慮が社内の良い雰囲気づくりに役立つ。

◆会社として歓迎していることが社内に伝わりやすい

どこの会社でも、新入社員というのは歓迎されているはずだ。もちろん、月日が経つにつれ、仕事ぶりや人間関係により、そうでもなくなることはあっても採用当初は歓迎されている。だから、とりあえずは歓迎の気持ちを伝えたいが、手っ取り早いのは歓迎会ではないだろうか。

口でいくら「あなたを歓迎していますよ」と言ったところで、自分のためにわざわざ歓迎会を開催してもらうことにはかなわない。それに、何より全員参加で行えば、他の従業員にも会社が新入社員を歓迎し大切に育てようという思いが伝わる。思いが伝わるから、新入社員をみんなで育てようという雰囲気が社内に醸成されやすい。

◆仕事がスムーズにいく

先述したように、歓迎会を開催することにより仕事でも協働がしやすくなる。具体的に言えば、一緒に食事をして親しくなるので、新入社員はちょっとしたことも先輩社員に聞きやすくなるし、先輩社員も新入社員の気心が知れるので教えやすくなる。このようなことは、お互いに理解し合えるからこそできることだ。

こういう関係がスムーズになることにより、会社に一日も早く溶け込んでもらえる。もちろん、1回程度の懇親会くらいで、そう簡単に人間関係が深まることもないだろうが、行わなければゼロだ。1回でも行っておけば、それをきっかけに徐々に人間関係は深まり、結果として仕事がスムーズにいきやすくなる。

◆会社の配慮が他の従業員にも伝わる

歓迎会を開催するとなれば、規模の大小はあるにしても、裏方を担う幹事はそれなりに苦労する。日程調整、場所の確保、参加者の把握など、当たり前にいって当たり前のところもあって、幹事は結構大変だ。「誰か代わりにやってもらえないものだろうか」というところがホンネではないだろうか。もちろん、歓迎会の主役は新入社員だが、幹事の苦労を思えば、その労をねぎらうという配慮も必要である。

そのような配慮を会社が行うことにより、幹事の苦労も報われるし、このようなことは自然と他の従業員にも伝わるものだ。幹事という、いわゆる縁の下の力持ち的な仕事に、会社として光を当てることによりあたたかみが出て、社内に安心感が広がる。

3　こうやって幹事の労をねぎらう

幹事の労をねぎらうというのは、その働きを認めて感謝することだ。その際には口頭に加えて、社長の思いを託した手紙をさりげなく渡す。こうすることにより、幹事はもとより他の従業員にも、会社が「人を大切にする経営」をめざしていることを実感してもらえ、社内の雰囲気はさらに良くなる。

◆こうやって「ありがとう」を伝える

もちろん口頭で「ご苦労さん、ありがとう」を伝えるのは当然だがカタチも必要である。カタチというのは幹事へのお礼状だ（文例18）。このお礼状は、歓迎会直後の給料袋に入れてさりげなく渡すことを想定している。このようなお礼状はそれとなく渡すことがポイントだが、方法としては給料袋に入れるのが簡単で良い。

内容としては、シンプルにお礼を述べれば良い。もし、何か歓迎会当日のエピソードがあれば、それをできるだけ具体的に盛り込むと、感謝の気持ちが伝わりやすいものである。例えば「○○さんが感心していたよ」というようなことだ。このようなことは、その人から直接聞くよりも格段に嬉しいものである。いわゆる〝裏褒め〟だ。

◆こんな心配りにグッとくる

一般的に幹事を好き好んでやる人は少ない。頼まれれば仕方なくというところではないだろうか。当日は、飲み放題に含まれていないお酒に手を出されないかとビクビクし、あちらこちらに気を配りながら「無理しないであなたも飲んだら」などと無理なことを言われながらも何とか終了しホッとする。とりあえず参加者からは「お疲れさん」と、型どおりの言葉を掛けられ、自分としてもそれなりに充実感はあるものの……。

そして、歓迎会のことなど自分でも忘れ掛けた頃の給料袋に一枚の手紙だ。それも社長から、先日幹事を仰せつかった歓迎会のお礼である。「やっぱり社長は分かってくれている」と、こんな心配りにグッとくる。

文例18　歓迎会の幹事へのお礼状の例

○○さん、いつもありがとうございます。
さて、先日は歓迎会の幹事をしていただきありがとうございました。

お陰様で楽しい歓迎会になりましたし、入社された△△さんも大変喜んでおられました。

お忙しい中での日程調整、会場の手配など大変だったと思います。
△△さんは入社されたばかりで、不安も多かったとは思いますが、歓迎会で通じて一気に人間関係が深まったような気がします。
当日、○○さんの動きを傍から見ていましたが、方々に気を配りながら、なかなかの名幹事でした。隣にいた営業部長も感心していました。

これから繁忙期に向け忙しくなるとは思いますが、今までどおり社内のコミュニケーションを大切にしながら業務に精励していただければ幸いです。

以上、簡単ですが歓迎会の幹事を務めてくださったお礼とさせていただきます。

ありがとうございました。

○年○月○日

日本おおぞら株式会社
代表取締役　○○　○○

Q＆A　パートさんが多く、採用も頻繁に行っているが、歓迎会はどのように開催したら良いのか？

例えば、１カ月か２カ月に１回まとめてやってはどうだろうか。もちろん、それだけ頻繁に採用するとういことは従業員数も多いはずなので、部門ごとにランチ会でも良い。特にパートさんは主婦である場合が多いので昼間のほうが開催しやすい。ただし、部門ごとにランチ会であっても、できれば社長もしくは管理者など会社の責任者は出席したほうが良い。

◆社内の雰囲気がさらに良くなる

このお礼状は給料袋に入れることから、給料計算担当者の目にも触れることになるが、それはそれで結構なことだ。「うちの社長は少々ワンマンだけど、幹事さんにこんなことまで……」。このようなことは、お礼状をもらった幹事や給料計算担当者が口外しなくても、社内に何となく広がっていくものである。この何となく広がっていくことが雰囲気づくりには重要だ。

これはいわゆる、「人を大切にする経営」の一環であり、重要なのはそれを押し付けるのではなく、従業員自身が会社から大切にされていると実感することである。派手さはないが、このようなことをコツコツと続けていけば、社内の人間関係はさらに良くなること間違いなし。

5 身元保証人さんへ身元保証引き受けのお礼を伝える

身元保証人さんといえば、形式的になっていたり、従業員が不始末を起こした際にご登場いただくマイナスイメージが強い。しかし、これも工夫次第によっては、新入社員の定着という意外な効果が期待できる。それが、先手を打って礼を尽くす、身元保証人さんに差し出す身元保証引き受けお礼状だ（文例19）。

1 そもそも身元保証とは

今はなり手が少なく、新入社員の身元保証を引き受けてくださる身元保証人さんはありがたい存在だ。しかし、世間一般で考えられているほど法的な効力は期待できず、会社との関係は何となく形式的になっていることも多い。

◆ありがたい身元保証人さん

採用にあたり身元保証人さんを求める会社は多いが、今は生活様式などの変化により、会社が希望するような人を立てられないケースも増えている。親御さんはともかく、快く引き受けてくださる人が少ない昨今、義理あって親族以外で身元保証人さんになっていただいた方は、会社にとってもありがたい存在だ。

もちろん、身元保証人さんは雇用契約上当然に必要なものではなく、会社の事情に合わせてお願いするか

文例19　身元保証人さんへの身元保証引き受けのお礼状の例

○年○月○日

○○　○○　様

日本おおぞら株式会社

代表取締役　○○　○○

身元保証引き受けのお礼

拝啓　時下ますますご清栄のこととお慶び申し上げます。

このたびは、弊社で採用した○○○○さんの身元保証をお引き受けいただき、まことにありがとうございます。必要書類確かに受領いたしました。

弊社としても○○○○さんを大切に育てて参りますので、これから５年間、何卒よろしくお願いいたします。

なお、住所など変更になりましたら、ご面倒ですが弊社宛にお知らせくだされば幸いでございます。

末筆ながら、○○様の、ますますのご健勝を心よりお祈り申し上げ、身元保証お引き受けのお礼とさせていただきます。

敬具

記

１．保証期間　○年○月○日から５年間

２．担当職務　本社営業部　営業外勤職

どうかを決める。この場合、採用後にいきなり「身元保証人さんが必要だからこれに印鑑をもらってきて」というわけにはいかず、もし必要な場合は面接など採用活動の早い段階で伝えておくことが必要だ。

◆法的には限界がある

身元保証については、「身元保証に関する法律」という法律によるが、借金の連帯保証と違い、その保証範囲などが限られている。保証期間は期間を定めなければ3年、定めても最長5年間であり自動更新はできない。仮に5年でお願いし、5年経ってもさらに必要な場合は、再度お願いすることになる。何十年も前の身元保証書を大切に保管されている会社もあるが、法律的な効果からいえばあまり意味はない。

また、身元保証の範囲は法律に定めはないが、従業員の業務（職務）に関して生じた損害に限られ、日常業務の指揮監督などは含まれないといわれている。仮に損害賠償請求ができたとしても、従業員本人が賠償すべき範囲（全額賠償は無理）で、かつ本人が支払えない場合だけだ。つまり法的な効力はさほど期待できない。

◆形式的になりやすい身元保証人さん

身元保証人さんの法的責任が限定的であることは先述したとおりだ。一昔前ならともかく、今はそれくらいのことは分かったうえで身元保証書に印鑑を押す人が多い。また、会社と身元保証人さんとは基本的に面識もなく書類一枚の関係である。だからお互いの関係は限りなく形式的になりやすい。

それでも、何かあった時のために身元保証を求める会社は多いが、実のところ、イザという時に機能しないケースがほとんどだ。また、めったにあることではないが、身元保証書に印鑑は押してはあるものの、なり手を見つけきれず苦し紛れに知人の名前を無断借用していることもないわけではない。

②　身元保証引き受けお礼状で先手を打つ

形式的になりやすい身元保証なので、身元保証引き受けお礼状で感謝の気持ちを伝えることにより形式化をいくらかでも防止する。つまり、「形式的ではないのですよ」ということを先手を打ってやんわりと伝えることにより、身元保証人さんとしての心づもりを持ってもらう。

◆身元保証引き受けお礼状とは何か

身元保証引き受けお礼状というのは、なり手の少ないなか、身元保証人さんになってくださった方へ差し出すお礼状である。もちろん、法律上はこんな手紙を差し出す必要はないし、実務的にもあまり行われていない。しかし、身元保証という重責を負っていただくわけで、それなりの礼も必要だ。

それを伝えるのにお礼状というのは都合が良く、身元保証書が提出された採用直後に差し出す。なお、身元保証人さんの住所、氏名は個人情報なので、身元保証書をいただく際に、必要なご連絡時に使用させていただく旨を伝えておくが、身元保証書の欄外にでもそのような記載をしておくと良い。

◆まずは感謝の気持ちを伝える

お礼状の内容としては、まずは身元保証のお引き受けに対して感謝の気持ちを伝える。なり手の少ないなかで、せっかく引き受けていただいたのだから当然かもしれない。感謝されて怒る人はあまりいないので、これがその後の良好な関係を保つのに大きく役立つ。また、身元保証をしていただいた新入社員が、どのような仕事をするのかも伝えておく。

ともすれば形式的になりやすい身元保証人さんとの関係だが、身元保証書をもらいっ放しだと、その形式的関係は決定的となる。残念ながら、多くの会社はそのようなことになってしまいがちだ。

◆形式的ではないことを伝える

お礼状で伝えたいもう1つは、身元保証は形式的ではないことだ。そもそも、身元保証を頼む人も頼まれる人も、ひょっとしたら会社も形式的だと思っているかもしれない。そのような状況で、会社へ提出された身元保証書だと、法的にはもちろん心情的にもどれだけの効果があるのか甚だ疑問だ。

だから、「会社も真剣に採用しましたから、身元保証人さんもイザという時には、フォローをよろしくお願いしますね。お引き受けいただいた身元保証は形式的ではないのですよ」という思いをやんわりと伝える。法的な効果は変えられないが、心情的なインパクトは大きい。また、万一身元保証書が偽装されたものでないかも、お礼状を差し出すことにより確認できる。

③　お礼状がもたらす定着効果

会社が差し出す1通のお礼状により、会社への評価を高めたい。そして、身元保証人さんを、会社の応援団にしておけば、何かの際に新入社員の相談相手となり、早期退職を防止し定着効果が期待できる。もちろん、そうならなくても、お礼状を差し出すことは悪いことではない。

◆会社への評価が高まる

身元保証とはいっても、半分はおつきあいで仕方なくお引き受けし、お引き受けしたことすら忘れていた

Q＆A 身元保証人さんへ礼を尽くす場面として、採用直後のほかにどのような場合が考えられるか？

大きくは、保証対象従業員の職務内容が変わった場合と身元保証期間満了時だ。前者は、身元保証期間中、従業員が昇進・転勤などにより身元保証開始時と仕事の内容が変更になった時のお知らせだ。身元保証人さんは、あくまで採用時点での保証をしているわけで、場合によっては、変更後は身元保証人を降りることも考えられる。さらに、従業員が問題を起こし、身元保証人さんに対して、保証を求める可能性がある時も通知が必要とされている。後者は、とにかく３年間（または５年間）の身元保証に感謝するためのお礼状である。

りする可能性もあるかもしれない。そのようなときに、身元保証をした会社の社長名で、身元保証引き受けのお礼状が届けば、状況が一変する。「そういえば、頼まれて身元保証人になったけど、なんと礼儀正しい会社だこと」と、会社への評価が高まるというものだ。

会社というのは、経営者自身が考えているほど一般から信用がないものだが、それなりの人には、それなりの礼を尽くせば、必ずそれなりの評価をしていただける。逆に、そのような評価をしていただけない人は、身元保証人さんとして少々心もとない。もちろん、そこまで求めるのは酷だが。

◆辞めようと考えた場合の相談相手になりやすい

なり手が少ないなかで、身元保証をお引き受けいただいた方は、おそらく本人もしくは親御さんと親しい関係にある人である。そうなると、新入社員が会社を辞めようとした場合の相談相手になる可能性が高い。身元保証人さんにしても、あらかじめ、お礼状が届いていたりしていれば、他人事ではなく親身になって相談に乗るはずだ。

また、「あなたが就職した会社からお礼状が届いたよ」くらいのことは新入社員に話すだろう。そうなれば、仮に辞めたくなった際も自分勝手には辞められないだろうし、身元保証人さんに一言くらいは相談する可能性が高い。

◆この一言が大きい

早期退職は相手があることであり、１００％こちらの思いどおりにはならない。しかし、仮に身元保証人さんも会社から丁寧なお礼状をいただいていると、そう下手なことはできないはずだ。仮に相談を受ければ「悪い会社じゃないよ、もう少し頑張ってみたら」と言ってくれるか、それとも「あまり大きな会社でもないし今のうちに……」となるか大きな違いだ。いずれにしても、その一言は定着に大きく影響する。

もちろん、身元保証人さんにそこまで言わせるには、お礼状1通くらいで済む話ではなく、やはり会社自体の労働条件や雰囲気を良くしておくことは当然だ。だから、そのあたりのことがなおざりでは、このようなお礼状を差し出しても、さほど効果はない。

6 採用挨拶状で家族を味方につける

定着率を高める採用時の〝かくし味〟の締めくくりは、新入社員の家族を味方につける採用挨拶状である。

では、なぜ家族を味方にする必要があるのか、そのために差し出す採用挨拶状とはどのようなものか、その目的は、そして、この手紙がもたらす3つの効果とは何か。

1 定着のカギを握る家族

雇用関係において家族の影響力は大きく、特に離職時の相談相手のトップになっていることもあり、定着のカギを握ると言っても過言ではない。だからこそ、大企業に比べて伝わりづらい中小企業の信用を、いくらかでも高める工夫が必要なのである。

◆離職について相談相手のトップは家族

２００７年に独立行政法人労働政策研究・研修機構が実施した「若年者の離職理由と職場定着に関する調査」によれば、離職の際の相談相手は「両親・兄弟姉妹」、つまり家族が41・９％で最も多くなっている。少々古い調査結果ではあるが、その割合はさらに大きくなっているではないだろうか。

何しろ、今は大学生の就職活動に親が関与するのは普通であり、会社説明会や入社式にも親が出席する。中途採用も若い人ならその延長だと思って良い。「何で親が？」と思わないでもないが、今は小さな頃から、良くも悪くも親が子どものことにかかわることが多いので、これが自然な流れなのではないだろうか。逆に家族との関係がまったくないというも考えものである。

◆家族のことは気がかり

親と子、夫婦、兄弟姉妹、つまり大切な家族のことは気がかりなのである。特に、わが子だといくつになっても心配なものだ。まして、中途採用の場合、理由はともかく一度退職しているので、今度の会社は大丈夫なのかと心配も募る。「会社で皆さんと仲良く元気にやっているだろうか」などとわが子のことは気がかりなものだ。〝親思う　心にまさる　親心〟とはよくいったものである。

しかし、わが子に聞いても「べつに……」と、中にはそっけない返事ということも多い。よほど会社に電話して「うちの子は、ちゃんとやっていますか？」と聞きたいところ。もちろん、連絡がないのは元気にやっている証拠だとは分かっていても、遠隔地に住んでいればなおさら心配だ。

◆そうでもない会社への信用

「就職はしたものの……」は、新入社員だけでなくその家族の思いも似たようなものだ。世の中には数多くの会社が存在し、その内容もピンキリだ。つまり、良い会社から悪い会社まで、いろいろある。一般的に中小企業は、名の通った大企業ほど信用が高くない。

もちろん、今は大企業でも不祥事が多く、いい加減な会社もあるし、小さな会社であっても立派な会社はいくらでもある。泣けるビジネス書としてベストセラーとなっている『日本でいちばん大切にしたい会社』シリーズ（坂本光司著：あさ出版）に掲載されている会社などはその代表格だ。しかし、一般の人はどうしても知名度や外見だけで会社の内容を判断してしまう。だから、知名度が低く、一般からの信用が高くない中小企業はそれなりの努力が必要だ。その1つが、新入社員の家族へ差し出す採用挨拶状である（**文例20**）。

❷ 採用挨拶状とは何か

会社の採用に対する思いはカタチにしないと伝わりにくいが、それをカタチにしたのが採用挨拶状だ。基本的には手書きで採用後2週間目くらいに差し出す。「なんで会社からこんな手紙を」と思われるかもしれないが、今はこのくらいのことをしておかないといけない時代だ。

文例20　新入社員の親御さん宛ての採用挨拶状の例

拝啓　時下ますますご清栄のこととお慶び申し上げます。

このたびは、縁あって〇〇さんに入社していただき厚くお礼申しあげます。

弊社は昭和〇年に創業した会社で、創業以来、素晴らしい従業員やお取引先様に恵まれ順調に業績を伸ばして参りました。

今後も地域社会に貢献すべく商品開発などに努め、地域において必要とされる企業を目指して参ります。

そのためには、優秀な従業員が必要不可欠であり、〇〇さんには大いに期待しておるところでございます。

そうは申しましても、〇〇さんにとっては未経験の仕事であり、不安も多いのではないかと存じます。弊社としましては、私以下従業員一同、誠心誠意、愛情をもって〇〇さんを育てて参る所存でございます。どうぞご安心くださいませ。

ただ、指導上〇〇さんに対して厳しいことを申すことも多かろうとは存じますが、何卒ご容赦いただきますようお願い申し上げます。

末筆ながら、ご家族皆様のご健康を心よりお祈り申し上げ、甚だ略儀ではございますが、採用のご挨拶とさせていただきます。

敬具

〇年〇月〇日

日本おおぞら株式会社
代表取締役　〇〇　〇〇

〇〇　〇〇様
〇〇様

◆採用挨拶状とは

採用挨拶状とは、新入社員のご家族に対して、入社していただいた感謝の気持ちを表した手紙のことだ。従来から、新卒の場合には出身高校などの校長先生に対して、お礼状を差し出す会社はあるかと思うが、これを会社からご家族宛てに差し出すのである（文例20）。

本来なら、新入社員の家族が、会社に対して採用していただいたお礼に出しても良さそうなものだが、今はそのような人は少ない。そのような時代に、採用していただいた会社から、それも社長名で届く採用挨拶状、もらって怒る人はまずいない。今のような超採用難の時代であってもここまでのことをやる会社は少ないので、他社と大きな差別化を図れる。

◆採用後2週間をめどに差し出す

採用挨拶状を差し出す時期は、採用後2週間目くらいが良い。主な理由は、新入社員の人柄や勤務態度の把握にある。新入社員の人柄や勤務態度を見てからでないとご家族へ思いが伝わりにくいからだ。採用挨拶状は思いがあっての手紙であって、ただ単に書いて出せば良いというものではない。

また、宛先のお名前は、採用時に提出していただいた緊急連絡先に書いてあるものを利用すれば良い。恐らく、ご両親や配偶者など身近な方になっているからだ。ただし、ご家族の住所や氏名は個人情報なので、緊急連絡先を提出していただく際に、会社からの連絡に使用する旨を伝えておく。

◆盛り込む内容は

そう難しく考える必要はなく、会社の誠意を示せば良い。誠意を示すために手紙の冒頭で入社へのお礼を述べる。基本的に会社は親御さんなどご家族とは面識がないわけだから当然だ。次に会社の簡単な沿革などを紹介したい。そして、新入社員やご家族が自社への勤務に対して抱いているであろう不安感に共感しなが

Q＆A　採用挨拶状は、雇用関係が確定する３カ月の試用期間満了後に差し出したいがどうだろうか？

確かに、試用期間満了後に正式雇用にならないこともあるので、そういう考え方も分かるが、それでは少々間の抜けた話になる。そもそも採用挨拶状の大きな目的は、新入社員家族との人間関係を早めにつくり、定着率向上につなげることだ。そのためには、採用直後２週間目くらいに差し出すのがおすすめである。万一、試用期間満了で辞めていただかなくてはならないことになっても、それには相当の理由があるはずだから仕方のないことだ。それより今は、早めに人間関係を強固にして早々に辞められないようにする工夫のほうが重要である。

ら、それを払拭するようなことを盛り込むようにする。

また、新入社員に対する会社の期待感や全社で大切に育てていく姿勢、今後の会社ビジョンなども盛り込む。なお、この手の手紙は面倒でも手書きがベターだ。今は日常的なことはメールでのやり取りが中心だから、手書きの手紙だと、内容はともかくそれだけで感動が生まれやすい。

3　採用挨拶状には３つの効果がある

採用挨拶状には、まさかの感動で新入社員の家族などの外堀を埋める、雇用関係にほど良い緊張感を持たせる、そして、雇用関係が早めにハッキリする、という３つの効果がある。これだけのことが、郵送料82円でできるのだから、やらない手はない。

◆新入社員の家族にまさかの感動で外堀を埋める

採用挨拶状の最も大きな目的は、新入社員の家族にまさかの感動を与えて、自社に対する不安を和らげることだ。わが子など家族を採用していただいた会社から届く採用挨拶状に、「まさか社長さんから、こんなお手紙を頂くなんて……」。多くの人はこのようなことに感動するし、感動するから行動を起こす。

もし、わが子から「会社を辞めたい」と相談を受けた場合に、「もう少し頑張ってみたら」などと、それを思いとどまるよう優しく諭《さと》してくれるかもしれない。まさに外堀を埋めるようなものである。もちろん、必ずそうなるとは言えないが、そのような期待だけで採用挨拶状を差し出すわけではない。

◆雇用関係にほど良い緊張感を持たせる

採用挨拶状は、新入社員の家族へ感動を与えるがそれだけが目的ではない。雇用関係は、優しさ八分に厳しさ二分くらいがちょうど良い。そのためにご家族とほど良い緊張感を持たせる目的もある。だから採用挨拶状では、例えば親御さんに「会社もキチンとしますから、お父さん、お母さんもイザという時は、よろしくお願いしますね」というメッセージを、前もってやんわりと伝える。

これでお互いに、ほど良い緊張感ができる。ほど良い緊張感というのは、労務を提供する従業員と、それを受け取る経営者の立場を保つことだ。雇用関係において、お互いに慣れるのは良いが狎《な》れるのはまずいからである。

◆雇用関係が早めにハッキリする

雇用においてミスマッチというのはお互いにあるものだ。もちろん、雇用関係はお互い様だから、ある程度は歩み寄ることが必要だが、どうにもならないこともある。入社はしたものの、場合によっては「やっぱり私には無理かな」と考えているかもしれない。

もし、合わないから辞めようか、どうしようか中途半端な状態だった場合、このような手紙が家族へ届けば、家族から「ハッキリしないと会社にご迷惑がかかるわよ」と、勤め続けるのかどうか早めに判断するよう促してもらえるかもしれない。確かに早期に退職されるのはショックだが、中途半端な状態のまま勤務を続けられるより、早めにハッキリさせたほうがお互いに良いからだ。

図表34 採用時のチェックリスト

No.	チェック項目	☑
1	提出書類をキチンと受け取ったか	
2	雇用契約を取り交わしたか	
3	社会保険・雇用保険の加入手続きをしたか	
4	上記３つを終える前に仕事をさせていないか	
5	社長の採用に対する思いを伝えたか	
6	法定・会社試用期間について説明したか	
7	試用期間満了時の到達目標を伝えたか	
8	３年くらい先までのキャリアアップの目安を伝えたか	
9	新入社員に許容の範囲を超えるミスマッチはないか	
10	面倒を見てくれる先輩社員に、ねぎらいの気持ち（お礼状）を伝えたか	
11	ねぎらいのお礼状は三方よしになっているか	
12	２週間目くらいまでに全員参加で歓迎会を開催したか	
13	歓迎会で社長が話し過ぎて独演会になっていないか	
14	歓迎会の幹事に「ありがとう」（お礼状）を伝えたか	
15	身元保証が必要な場合、あらかじめ話がしてあるか	
16	身元保証人さんにお礼（お礼状）を伝えたか	
17	身元保証人さんの個人情報の取得、取り扱いは適切か	
18	新入社員の働きぶりなど雇用継続可能か（可能な場合のみ次に進む）	
19	新入社員の家族へ採用挨拶状を差し出したか	
20	新入社員家族の個人情報の取得、取り扱いは適切か	

労務小話　第6話
休業中の保険料

おかず：確かに、社会保険などから出産手当金、出産育児一時金、育児休業給付金が出るのはありがたいんですが、休業中の社会保険料や雇用保険料はどうなるんですか？

ご隠居：結論から言えば、社会保険料は産前産後休業中も育児休業（準ずる休業期間を含む）中も申請すれば会社負担分も含めて免除されるぞ。産前産後休業の免除期間は、出産当日を含めて産前42日（双子以上の場合は98日）、産後56日の範囲で、産前産後休業を開始した月分から終了予定日の翌日の月の前月分までじゃ。育児休業の免除期間は、育児休業を開始した月分から終了予定日の翌日の月の前月分までで産前産後休業と同じじゃ。仮に、休業中にお給料が出ても保険料は免除されるぞ。しかし、2つの休業とも保険料は免除されても、健康保険証は通常通り使えるし、将来、年金額を計算される場合は、保険料を納めていたものとみなされる。一方、雇用保険料には免除制度がないから、もし、休業中もお給料が出れば、それに見合う保険料が引かれるぞ。

おかず：そうなんですね。わたしたち女性にとって社会保険料が免除されるのは助かります。これでわたしも立派に育女ですね。

ご隠居：いや、おかずさんは〝免女〟じゃ。

（終わり）

おわりに

昭和から平成になり、そしてその平成も来年には次の世代に引き継がれようとしている。この間、私たちの生活環境は大きく変わってきたが、雇用関係も例外ではない。一言でいうなら働く人の欲求も大きく変化しており、それに合わない会社には、まっとうな人は集まらない時代である。

もちろん、働く人の欲求は大きく変化しているが、人の営みというか感情自体は昔とさほど変わってはいない。つまり、自分がされて嬉しいことは相手だって嬉しいだろうし、されて嫌なことは相手だって嫌なのだ。採用においても、実際に求人票を見て応募し、面接を受けに来るのは働く人自身であり、会社は人を選んで採用しているようで、実際には選ばれる立場なのである。だから、採用活動において働く人の気持ちを理解することは最低限必要なのだ。

ところで、本書の採用手順をご覧になってどう思われただろうか。実は、ハローワークの求人を活用するなど手法として何ひとつ目新しいものはない。だから、「何だ、この程度のことか」と思われた方も多いと思う。しかし、中小企業を前提に考えるなら、「何だ、この程度のことか」が大切であり、このようなことをキチンと行うことが採用に成功し、採用に失敗しない王道である。

私自身も従業員を雇用しながら社会保険労務士事務所を経営しており、人の採用に悩みながら、あの手この手と工夫しながら、事務所のニーズに合う人材を採用し定着させてきた。そのような、あの手この手を体系化したのが、本書で提案した採用手順である。雲の上のふわふわした話ではなく、小さな会社でも、やろうと思えばすぐにできる実践論、まさに採用現場で活かせる知恵なのだ。

なぜなら、費用がかからず、すべて自社でできる中小企業らしい方法だからである。中小企業らしいというのは、機動的に誰にでもできるということだ。何も小難しいことなど行わなくても、「何だ、この程度のことか」でも十分である。

「求人を出したけど、さっぱり応募がない」「採用したけどすぐに辞められる」などというお話をよく伺うが、本書の各章末にあるチェックリストにより、自社の採用手順を今一度見つめ直してほしい。意外にも、労働条件の良し悪し以前に、やるべき当たり前の手順が行われていなかったりする。


私は本書を執筆中も社会保険労務士として、日常的に「どうしたら良い人が採用できますか」というようなご相談に対応しており、それを踏まえて原稿を書き直すこともたびたびあった。雇用の現場で起きていることを、できるだけ内容に反映させるためだが、これにより、より実践的な内容になったと思う。

今回の出版に当たっても、事務所業務の超多忙な時期にありながら、あたたかな目で執筆を支えてくれた家族と事務所スタッフに先ずは感謝したい。また、本書の制作・出版に関わっていただいたすべての皆様へ、この場を借りて心より感謝申し上げ結びとする。

2018年10月

社会保険労務士　川越　雄一

<著者紹介>

川越　雄一（かわごえ・ゆういち）

社会保険労務士

1958年宮崎県生まれ。1991年に社会保険労務士を開業し、企業の労務指導に携わる。「人を大切にする経営」をベースにした指導は実践的で分かりやすいと評判が良い。また、月２本配信中のメールマガジン「割烹着社労士 川越雄一・労務のかくし味」は内容が中小企業にぴったりと全国に読者が多い。著書に『小さくてもパートさんがグッとくる会社』『ベテラン社員さんがグッとくる“終わった人”にさせない会社』（労働調査会）がある。人を大切にする経営学会会員。

欲しい人材がグッとくる

求人・面接・採用のかくし味

平成30年11月16日　初版発行

著　者　川越 雄一
発行人　藤澤 直明
発行所　労働調査会
〒170-0004 東京都豊島区北大塚2-4-5
TEL 03-3915-6401
FAX 03-3918-8618
http://www.chosakai.co.jp/

企画・編集協力　インプルーブ 小山睦男
ISBN978-4-86319-671-1 C2030